W0063141

David Maclagan

Schöpfungsmythen

Mit 149 Abbildungen, davon 19 farbigen

Aus dem Amerikanischen
von Susanne Schaup

Kösel-Verlag München

CIP-Kurztitelaufnahme der Deutschen Bibliothek

Schöpfungsmythen / David Maclagan. Aus d.
Amerikan. von Susanne Schaup. – München:
Kösel,
1985. Einheitssacht.: Creation myths
ISBN 3-466-34104-3
NE: Maclagan, David [Bearb.];
EST

Die Originalausgabe erschien unter dem Titel
„Creation Myths. Man's Introduction to the World"
in der Reihe „Art and Imagination",
General Editor: Jill Purce,
bei Thames and Hudson Ltd., London.
© David Maclagan 1977
ISBN 3-466-34104-3

© 1985 für die deutsche Ausgabe
by Kösel-Verlag GmbH & Co., München.
Printed in Jugoslawien. Alle Rechte vorbehalten.
Satz: Kösel, Kempten.

Inhalt

Dem Andenken meiner Mütter

Die Einführung des Menschen in die Welt

„Im Anfang" ist der Vorläufer von „Es war einmal". Diese Wendung führt in einen Bereich, der seinem Wesen nach schattenhaft und spekulativ ist. Sie enthält den phantastischen Anspruch, Rechenschaft zu geben über den Ursprung der Welt und das Wesen aller Dinge; sichtbar zu machen (dies die Wurzelbedeutung von „Phantasie"), was naturgemäß den Menschen unsichtbar ist: den Augenblick oder Vorgang ihrer eigenen Schöpfung. Was ist diese „Schöpfung"? Woher stammt der Begriff des „zuerst"? Dies ist der Ausgangspunkt, dem wir gegenüberstehen, wenn wir *alles, was ist,* zurückführen auf *etwas, das war,* und darüber hinaus auf *nichts, das nicht war.* In dieser Reihenfolge denken wir gewöhnlich; in den meisten Schöpfungsmythen jedoch wird diese Perspektive offenbar umgekehrt.

Es scheint, als mache die schiere Größe des Rätsels sie zu einem Gegenstand besonderer Aufmerksamkeit. Aber die Schöpfung ist nicht nur kosmogonisch, sondern auch kosmogenetisch: d. h. sie wird angerufen, wann immer etwas Neues — von der Beseelung eines Embryos bis zum Aufsteigen eines Bildes — ins Leben tritt. Die großen Schöpfungsberichte, wie die hebräische *Genesis,* das babylonische *Enuma Elish* oder das *Popul Vuh* der Maya, befassen sich direkt und ausdrücklich mit dem kosmogonischen Szenario; doch der Ursprung eines Dinges (aller Dinge) ist fast in jeder Erklärung oder Definition impliziert: jedes „Wie" bedingt ein „Warum".

Der Ursprung der Dinge ist ihr *Grund;* das, worauf ihre Existenz gründet. Daher können wir ihrem ursprünglichen Wesen nie unmittelbar begegnen, denn zwischen uns und dem „Anfang" besteht eine grundsätzliche zeitliche Diskrepanz. Daraus erklärt sich z. B. die Unterscheidung im pythagoreischen/orphischen Denken zwischen dem Prinzip *hinter* dem Kosmos und der Kausalität *innerhalb* des Kosmos: die Zahl, das kosmische „Gesetz", gilt als „Schnittstelle" zwischen dem Unendlichen und dem Endlichen. Unsere Basis der Beschreibung dessen, was hinter der Existenz war oder ist, kann nur vom ursprünglichen Schöpfungsprozeß abgeleitet, also „aus zweiter Hand" oder symbolisch sein. Der Philosoph Lichtenberg meinte:

> Wenn uns einmal ein höheres Wesen sagte, wie die Welt entstanden sei, so möchte ich wohl wissen, ob wir imstande wären, es zu verstehen... Es könnte gar wohl sein, daß es außer unserm Geist gar nichts gibt, was unserem Begriff von Entstehung korrespondiert, sobald er nicht auf Relationen von Dingen gegen Dinge, sondern auf Gegenstände an sich angewendet wird.

Das Paradox läßt sich nur umgehen, indem wir die normalen Regeln der Erklärung durchbrechen und auf den Mythos zurückgreifen.

Kompliziert wird das Problem dadurch, daß der Mythos selbst eine Schöpfung ist und noch dazu als fiktiv und irreführend gilt, von Menschen gemacht, um das Unerklärliche zu erklären. Schon der Begriff „Schöpfungsmythos" beschwört eine mögliche Verwischung der Doppelbedeutung von „Schöpfung" — der kosmogonischen und imaginativen — herauf, so daß wir wie Narziß unser eigenes Spiegelbild für etwas ganz anderes halten. Die Bereiche „Natur" und „Kultur", die wir für Gegensätze halten, durchdringen sich wechselseitig; und der Mythos ist eine der Formen, in der sich dieses

Durchdringen in höchster Dichte vollzieht. Diese Verflechtung – nicht nur von Natur und Kultur, sondern auch von Subjekt und Objekt – ist uns schwer erträglich, denn das System unserer autoritativsten Formen des Wissens (z. B. Physik, Philosophie und Psychologie in ihrer strengsten Form) beruht auf sorgfältiger Unterscheidung eben dieser Kategorien. Die dadurch nötige genaue optische Einstellung verlangt, daß man sich streng an das hält, was Wittgenstein „die Logik der Repräsentation" nannte; eine Logik, die danach strebt, den Sprachgebrauch von jeder Mehrdeutigkeit zu reinigen, den Sinn von metaphorischer Verunreinigung zu desinfizieren. Doch (wie Wittgenstein selbst gezeigt hat) resultiert diese einengende Kritik auch in einem Verlust an Tiefe, in einer Verflüchtigung der Fragen, auf die es im Leben eigentlich ankommt.

Wir können die Unter- und Zwischentöne der Sprache, die reiche Resonanz menschlicher Rede nicht loswerden. Es ist bezeichnend, daß das Wort „Mythos" in seiner Wurzel „Aussage" bedeutet. Der Zusammenstoß zwischen der „wissenschaftlichen" und der den sogenannten primitiven Kulturen zugeschriebenen „regressiven" oder „magischen" Geisteshaltung, (zu der sich die poetischen und künstlerischen Elemente unserer eigenen Kultur häufig bekennen) ist weniger ein Zusammenstoß zwischen realen und illusorischen, effizienten und ineffizienten Weisen, mit der Welt umzugehen, als zwischen zwei verschiedenen mythischen Systemen, von denen das erste versucht, das Bewußtsein seiner mythischen Dimension zu verdrängen. Mit den Worten von Elisabeth Sewell:

> Dem Geist stellt sich die Wahl, nicht zwischen Mythologie und Logik, sondern zwischen einer exklusiven Mythologie, die bewußt den Anteil des Körpers übergeht, und einer inklusiven Mythologie, die bereit ist, den Körper, die Vorstellung des Organismus als eines Ganzen, als Partner in dieser merkwürdigen Operation, „Denken" genannt, zuzulassen.

Der Mythos ist in seiner Tiefenstruktur sowie in seinem oberflächlichen Gehalt eine Aussage *über* diese komplexe Beziehung zwischen Körper/Geist und Wort/Welt. Er ist metaphorisch, nicht im Sinn einer „Sprachfigur", sondern in der Wurzelbedeutung des Wortes: als „Hinübertragen" über die Grenzen, die wir zwischen den Dingen gesetzt haben. Diese metaphorische Durchlässigkeit ist nicht erfunden, sondern gehört zum Mythos. Er durchdringt alles, was wir tun, und jeden Sinn, den wir setzen. Unser In-der-Welt-Sein ist ein ständiges Hin und Her zwischen uns und der Welt, das gar nicht anders als metaphorisch sein kann, so daß „die ganze Natur eine Metapher des menschlichen Geistes" (Emerson) ist.

Das Elementare ist in Wirklichkeit äußerst komplex. Dies wird nirgends deutlicher als gerade in der Schöpfung. Wenn der Mythos sich weigert, die Dinge rein und einfach zu behandeln, wäre dies eine Erklärung für die zahlreichen scheinbaren Widersprüche, die in Schöpfungsmythen auftreten. So können z. B. Sonne, Mond und Sterne wie eine menschliche Familie mit ihren Beziehungen beschrieben werden, bevor der Mensch selbst in Erscheinung tritt. Diese ursprüngliche Komplexität der Schöpfung kommt aus einer Einheit jenseits aller menschlichen Unterscheidungen, einer *coincidentia oppositorum*, wie der von André Breton gedachte Punkt, „von dem aus Leben und Tod, Reales und Imaginäres, Vergangenheit und Zukunft, Sagbares und

Unsägliches, Höhe und Tiefe nicht mehr als Widersprüche erkannt werden". Diese Korrespondenz zwischen innen und außen, menschlich und natürlich, fällt in vielen Mythen auf, wo immer es um eine Aktivität von grundlegender Bedeutung geht. So gelten bei den Dogon Weben, Pflanzen und Geschlechtsverkehr als verschiedene „Redeweisen", von denen alle an jeder einzelnen teilhaben: die Rede selbst ist eine Reproduktion der ursprünglichen „Worte" der Schöpfung.

Frances Yates stellte fest, daß „der grundlegende Unterschied zwischen der Haltung des Magiers und der des Wissenschaftlers zur Welt darin besteht, daß der erstere die Welt in sich hineinnehmen will, während der letztere das Gegenteil tut; er externalisiert und entpersönlicht die Welt durch eine Bewegung des Willens in einer entgegengesetzten Richtung". Doch Werner Heisenberg zeigte, daß sogar innerhalb der experimentellen Physik sich die Präsenz des Wissenschaftlers in seinem Experiment reflektieren muß. Mit der ganzen Eleganz ihrer mathematischen Formeln hat die Wissenschaft die Frage nach dem Ursprung der Dinge nicht gelöst, sondern nur vertagt. Die Erklärung der Biochemie für die Entstehung des Lebens auf der Erde – vom ersten Funken atmosphärischer Elektrizität in einen Ozean von Nukleinsäuren bis zur Entwicklung von selbstfortpflanzenden Molekularsystemen nach den Gesetzen der Quantenchemie – demonstriert zwar die Logik der Verbindung der Elemente, beruht jedoch auf einer rein mechanischen Erklärung ihres Ursprungs. Die Suche nach „fundamentalen" Teilchen produziert immer mehr Entitäten am Rande von Theorie und Tatsachen. Die Stofflichkeit der Materie selbst ist in Frage gestellt. Mit den Worten Heisenbergs: „Für die moderne Naturwissenschaft steht im Anfang nicht mehr das materielle Objekt, sondern Form, mathematische Symmetrie." Und selbst die Mathematik ist vielleicht weniger die *lingua franca* des Universums als eine archetypische Basis sowohl der Materie als auch der Psyche, eine Eigenschaft des *unus mundus* (C. G. Jung). Die Wissenschaft ist ein Äquivalent des Mythos, nicht nur in ihrer Funktion, sondern auch in manchen ihrer Methoden. Ihre Modelle und Strukturen entlehnen die Wissenschaftler gegenseitig aus ihren Disziplinen. So wird die Kybernetik von der Biochemie, die Psychologie von der Ökonomie befruchtet: ein Tauschen, das Lévi-Strauss im Mythos „Bastelei" (*bricolage*) genannt hat. Die Ökologie ist der Prototyp einer neuen holistischen Vision der Wissenschaft, die diese unwillkürlichen Metaphern erkennen und, wie der Mythos, die symbolische ebenso wie die symbiotische Natur unseres irdischen Haushalts, anerkennen wird.

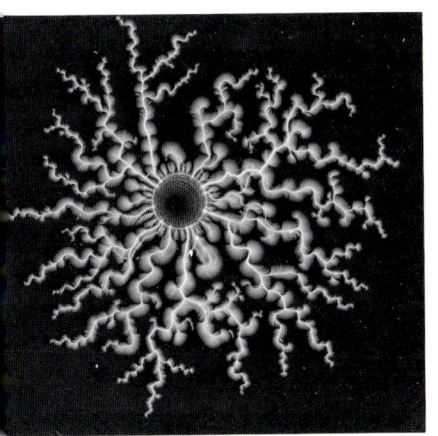

Die moderne biochemische Theorie des Ursprungs organischer Zellen ist, oberflächlich gesehen, ganz unbildhaft. Doch dieses Foto der elektrischen Entladung, durch welche in Laborversuchen Nukleinsäuren (die Bausteine des Proteins) erzeugt wurden, weist dieselbe zentrifugale Struktur auf wie ein Mandala. (Lichtenberg-Figur)

Innen und Außen

Wenn es stimmt, wie Novalis sagte, daß „die Selbstheit – unter den Kategorien Quantität, Qualität, Kausalität und Substantialität betrachtet – vielleicht der Gegenstand der verschiedenen Wissenschaften" sei, dann ist sie noch viel mehr der Gegenstand der meisten Schöpfungsmythen. Produktion, Teilung, Fortpflanzung usw. bezeichnen gleichzeitig einen inneren und einen äußeren Vorgang. So beginnt die hawaiische Kosmogonie mit einer Liste von Wesen, die als verallgemeinerte schöpferische Vorgänge benannt sind: Te Ahanga: das Schwellen des Embryos im Leib; Te Apongo: Begehren;

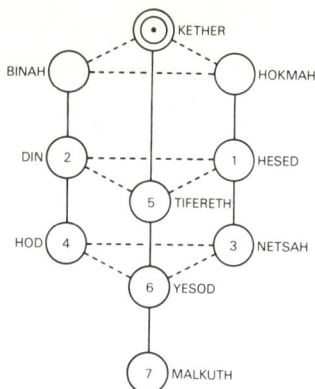

Der Sephiroth-Baum: die höchste Triade (Kether, Hokmah und Binah) entspricht der transzendenten „Welt der Emanation"; die Triade darunter der idealen „Welt der Schöpfung"; die Triade darunter der geistigen „Welt der Gestaltung"; und die letzte Sephirah, Malkuth, der „Welt der (gesetzten) Fakten". Der Baum läßt sich auch in eine rechte Seite – der „Gnade" oder „Barmherzigkeit" – und eine linke – des „Gesetzes" oder der „Strenge" – teilen: die Mittelachse ist daher die „mittlere Säule", die zwischen beiden vermittelt. Die sieben niedrigsten Sephiroth werden manchmal mit den sieben „Tagen" der Schöpfung identifiziert.

Zeichnung der siebenjährigen Kate Marchin: ein kosmischer Drachen mit Erde, Donner und Mond als seinen Eiern.

Te Kune Iti: innere Empfängnis; Te Kune Rahi: Vorbereitung; Te Kine Hanga: der Drang zu suchen; Te Ranga Hautanga: das Ordnen, wie der Zellen im Körper usw. Zwischen der Erschaffung des Kosmos und dem Werden eines Individuums besteht eine Parallele. Im indischen *Shatapatha Brahmana* z. B. gibt es eine explizite Entsprechung zwischen dem Jahr, das Prajapati im goldenen kosmischen Ei verbringt, und der Gestationzeit von Pferden, Rindern und Menschen. Wann immer die Schöpfung als ein Prozeß statt eines einmaligen Ereignisses gedacht wird, ist die Korrespondenz zwischen Mikrokosmos und Makrokosmos, dem Sichtbaren und dem Unsichtbaren, tiefer und komplexer. Die ursprüngliche Weise der Schöpfung in-formiert noch immer alle Kreaturen, insbesondere den Menschen. In der jüdischen Kabbala fungiert das symbolische Bild des Lebensbaumes mit seinen zehn Sephiroth als komplexes, vieldeutiges Modell. Es erklärt die Ordnung und wechselseitige Beziehung der Formen göttlicher Emanation, die den Kosmos bilden. Es ist ein Diagramm der Hauptorgane des menschlichen Körpers und symbolisiert außerdem die verschiedenen „Lichter" in seinem Inneren. Obendrein entspricht allen vier Graden der göttlichen Emanation (der niedrigste ist die „Welt der Tatsachen") ein Teil des Menschen: sein reines, unerschaffenes Wesen, sein Geist, seine Seele und sein Körper.

Des Menschen eigene schöpferische Kräfte können daher als eine Version (oder Re-version) der Kraft angesehen werden, die seine Existenz schafft und erhält. Sein In-der-Welt-Sein ist ein ständiger Prozeß der Neuschöpfung, ein Ausdruck der „primären Imagination", die Coleridge für die „lebendige Kraft und den Urheber aller menschlichen Wahrnehmung und als solche die Wiederholung im endlichen Geist des ewigen Schöpfungsaktes im unendlichen ICH BIN" hielt. Die Weltsicht jedes neuen Menschen ist nicht ein passives Vereinnahmen, sondern eine aktive Neusicht. Martin Buber schrieb über den Eintritt des Kindes ins Leben: „Es ist aus der glühenden Finsternis des Chaos in die kühle, lichte Schöpfung getreten, aber es hat sie noch nicht; es muß sie erst recht eigentlich herausholen und sich zur Wirklichkeit machen, es muß sich seine Welt erschauen, erhorchen, ertasten, bilden." Potentiell kann jeder Mensch sich in dieser Weise als Weltschöpfer erleben. Unter bestimmten Umständen kann dieses Gefühl, daß das Universum aus einem selbst kommt, akut werden: So berichtete eine von Masters und Houston's Versuchspersonen unter der Einwirkung von LSD: „Ich bin das nukleare Bild der Ewigkeit... Ich bin der Urstoff." Ein schizophrener Patient Roheims äußerte: „Ich bin der Urheber des Sonnenscheins. Ich schuf ihn bei meiner Geburt mit den Atomen, dem Licht, der Wärme. Am Anfang des Universums war ein Kanu, in dem ich allein Platz hatte." Die Konvention mißbilligt eine solche Explosion des Selbst, oder sie wird als Größenwahn oder Paranoia abgetan; sie ist jedoch ein wesentlicher Bestandteil poetischen Schaffens und wird als „künstlerische Freiheit" geduldet.

So wie in manchen Schöpfungsmythen der Mensch im Brennpunkt der Schöpfung steht, indem er sie ergänzt oder begreift, so kann der Künstler als Teilhaber am Schöpfungsprozeß gelten. Der Alchemist Michael Scotus schrieb: „Obwohl Gott die einzige Quelle der Schöpfung an sich ist, kann ein geborenes Geschöpf bestimmte andere Körper mit ihren Requisiten erzeugen und sie so zu ihrem natürlichen und reinsten Ziel geleiten." Wie die Alchemie ist auch die Kunst eine Schöpfung auf zwei Ebenen: sie ist eine Neugestaltung des Selbst und die Gestaltung eines Gegenstandes. In gewissem Sinn schafft

Psychotrope Substanzen – wie Peyote oder LSD – wurden oft verwendet, um eine Anamnese oder (Re-)Kreation der Schöpfung in ihrem Ursprung oder Grund auszulösen. In unserer Kultur nimmt dies manchmal die Form einer zugleich atomaren und universalen Vision an, in der mikroskopische und makroskopische Unendlichkeit sich verwirrt. (Zurich-Mandala, Malerei von Allen Atwell)

jeder Künstler seine eigene Mythologie: die in seinem Lebenswerk wiederkehrenden Bilder reflektieren häufig die Themen, die in den Schöpfungsmythen erscheinen. Besonders häufig kommen Bilder der Auflösung des Selbst vor: ein „Chaos", d. h. ein Zusammenbruch konventioneller sozialer, sexueller und kultureller Definitionen, der zu einer neuen, „originellen" Identifizierung mit der Welt führen kann.

Da das Leben jedes Menschen, bewußt oder unbewußt, eine schöpferische Evolution darstellt, sind nicht nur Künstler mit der Dynamik der Schöpfung konfrontiert. Ein Aspekt des persönlichen Wachstums ist der Prozeß der Individuation, den die Anhänger Jungs insofern als etwas Kosmisches sehen: die Trennung von Bewußtsein und Unbewußtem, von „Ich" und „Nicht-Ich" als eine psychische Reproduktion kosmogonischer Szenen wie der Trennung des Lichts von der Finsternis oder des Vaters Himmel von der Mutter Erde.

Diese Parallele zwischen dem Muster individueller Lebensprozesse und der Schöpfung als Ganzes bestimmt auch die (innere) Bedeutung des Kosmos für den Menschen und die Rolle, die er in ihm spielt. Manchmal ist diese Rolle bedeutend und mitschöpferisch. In vielen indianischen Mythen ist der Mensch nur ein Teil des Schöpfungsganzen; in unserer eigenen *Genesis* ist der Mensch der Mittelpunkt der Schöpfung (daher die zweideutige christliche Einstellung gegenüber der Welt der Materie). Doch in manchen Kosmogonien ist die Schöpfung dem Menschen beinahe feindlich gesinnt. So war für die Azteken der Kosmos äußerst verwundbar, und die Menschen mußten ihr

Die Himmelsgöttin Nut beugt sich über ihren Zwilling, den Erdgott Geb. In vielen Darstellungen werden sie vom Luftgott Shu auseinandergehalten. (Papyrus von Tamienu, Ägypten, ca. 1000 v. Chr., Britisches Museum, London)

Blut, sogar ihr Leben opfern, um ihn zu erhalten. In anderen Kulturen wird der natürlichen Welt wenig Bedeutung beigemessen. So ist für viele Hindus das ganze Drama der Schöpfung etwas rein Theatralisches; eine Aufführung, die sich erübrigt, wenn die Botschaft verstanden ist – „wie eine Tänzerin innehält, nachdem sie sich auf der Bühne gezeigt hat, so hält die Natur inne, nachdem sie sich dem Geist gezeigt hat".

Die Tatsache, daß Schöpfungsmythen den Menschen im Universum „plazieren" oder als Modelle des menschlichen und kosmischen Lebensprozesses dienen, spiegelt sich in den besonderen Umständen ihrer Wiedergabe. So kann die Wirksamkeit einer Medizin von der korrekten Rezitation ihres Ursprungs (und damit dem der Welt) abhängen. Oder der Schöpfungsbericht kann, wie in der Kosmogonie der Maori, als Analogie für jede menschliche Inspiration fungieren: sie wird zeremoniell rezitiert, u. a. um Sterilität zu kurieren, den Menschen fröhlich zu stimmen, und in Verbindung mit Kriegs-, Tauf- und Todesritualen. Gemäß der Etymologie des Wortes „Mythos" ist das Sprechen/Schreiben/Darstellen eines Schöpfungsmythos mehr als eine „Wiederholung", nämlich Anlaß zu einer *Neu-Schöpfung,* Bestätigung der wesentlichen Beziehungen zwischen dem Menschen und der Welt.

Horizontale und Vertikale

In seiner mündlichen oder schriftlichen Überlieferung erscheint der Schöpfungsmythos zunächst und vor allem als eine Erzählung, eine Folge von Ereignissen, die sich in der Raum/Zeit eines Textes entfalten. Diese „Geschichte" ist die horizontale Dimension der Schöpfungsberichte mit ihren Sprüngen, Schlingen und Knoten. Eine solche „Schlinge" kommt in Hesiods *Theogonie* vor: Vater Himmel (Uranos) weigert sich, von Mutter Erde (Gaia) abzulassen, weshalb seine Kinder nicht atmen können, bis Kronos ihn entmannt. Aber Kronos setzt seine eigenen Kinder gefangen, indem er sie verschlingt, bis wiederum Zeus ihn überlistet. Manchmal sind solche Erzählungen ein Versuch, den Mythos zugunsten einer bestimmten Interpretation umzugestalten. Eingriffe dieser Art haben oft die Wirkung, die Resonanz eines Mythos zu dämpfen und ihn zu „transparent" zu machen. Noch häufiger ist die besondere Komplexität eines Schöpfungsmythos das Resultat

In der Überlieferung wird jedem Stadium der Erzählung der Genesis eine anagogische Parallele zugeordnet. So bedeutet die Erschaffung des Lichts die Erschaffung der himmlischen Heerscharen; und die Trennung von Licht und Finsternis bedeutet die Trennung von guten und bösen Engeln durch den Fall Luzifers. ("Bible Moralisée", Frankreich, ca. 1450, Bodleian Library, Oxford)

einer kollektiven Destillation – einer langen Folge von Gestaltungen, auf die unsere Begriffe einer persönlichen Urheberschaft nicht anwendbar sind. In manchen Fällen wurde das erzählerische Gefüge eines Mythos Generationen hindurch mit erstaunlicher Treue mündlich überliefert. Bei den Zuñí-Indianern z. B. ist der menschliche Repräsentant des stellvertretenden Schöpfergottes, Kiaklo, die Gedächtnisbank aller „Rede vom Anfang": In einem Mythos steigt Kiaklo zum Totensee hinab und erfährt vom Rat der Götter: „Wie eine Frau mit Kindern geliebt wird, weil sie die Linie ihrer Sippe ungebrochen erhält, so wirst du, unermüdlicher Hörer, von uns geschätzt und von Menschen verehrt, weil du die Geschichten der Schöpfung und alles, was wir von Vergangenheit und Zukunft künden, ungebrochen erhältst." In anderen Fällen wurde die ursprüngliche Erzählung durch Fehler und Mißverständnisse beinahe vernichtet.

Ein Mythos ist noch anfälliger für Fehldeutungen, wenn er von einer Kultur in eine andere übersetzt wird. Die meisten „primitiven" Sprachen sind hochentwickelt, in Syntax und Wortschatz von den unsrigen jedoch sehr verschieden. Je älter eine Sprache ist, desto reicher scheint ihre Metaphorik zu sein, insofern als abstrakte und konkrete Bedeutung, die wir sorgfältig unterscheiden, gleichzeitig vorhanden ist. Die Hymnen des *Rig Veda* z. B., von denen viele sich mit kosmogonischen Themen befassen, sind in einem archaischen Sanskrit geschrieben, dessen impliziter Bedeutungsreichtum auf verschiedenen Ebenen gelesen werden muß. Daher können in einer scheinbar klaren Handlung viele Bedeutungen mitschwingen. Das Lesen von Schöpfungsberichten ist nicht nur ein technisches oder linguistisches Problem, sondern der exegetische Prozeß hängt von der Tatsache ab, daß die Strukturen der Sprache eine metaphorische Beziehung zu anderen Lebensstrukturen haben. Daher gibt es im Mythos, zusätzlich zur horizontalen Erzähldimension, noch eine vertikale Verbindung mit anderen Bedeutungsschichten.

Es liegt z. B. auf der Hand, daß die sieben „Tage" der Schöpfung im ersten der beiden Berichte der *Genesis* (1,1–2,4a) nicht Tage in der gewöhnlichen Kalenderbedeutung sind – die Trennung von Tag und Nacht erscheint erst am vierten Tag –, sondern eine metaphysische oder symbolische Folge andeuten, die nur zu verstehen ist, wenn man zwischen den Zeilen liest. In der exegetischen Tradition der Kabbala erreichte diese Art von Deutung eine Komplexität und Subtilität von außergewöhnlicher Tiefe. Die heiligen Texte galten als so dicht in ihrem Sinngehalt, daß man sie in den kühneren Formen der kabbalistischen Spekulation für Speicher aller möglichen Bedeutungen der Welt und daher für eine Verkörperung der Urmächte der Schöpfung hielt. Als Rabbi Meir die *Thora* abschrieb, wurde er gewarnt: „Mein Sohn, sei achtsam in deiner Arbeit, denn es ist das Werk Gottes. Wenn du einen einzigen Buchstaben ausläßt oder einen Buchstaben zuviel schreibst, wirst du die ganze Welt zerstören."

Jeder wichtige heilige Text – insbesondere, wenn es darin um die Schöpfung geht – besitzt vielfältige Korrespondenzen (die nicht beabsichtigt sein müssen) in anderen, nicht-verbalen „Texten" seiner Kultur, so in Tänzen, Geweben oder in verwandtschaftlichen Beziehungen. Die Architektur des „Kornspeichers des Meisters der Reinen Erde" der Dogon, der am vierten Tage der Schöpfung vom Himmel herabkam und das Modell für tatsächliche Kornspeicher wurde, war zugleich eine Darstellung der acht Samenkörner,

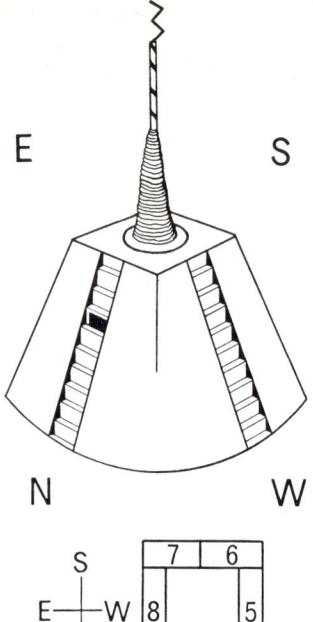

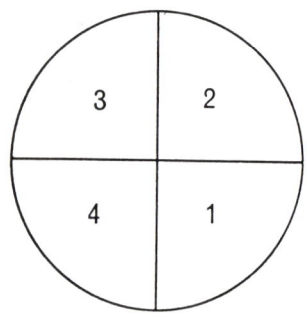

Plan des oberen Stockwerks

Plan des Erdgeschoßes

Mit dem „Kornspeicher des Meisters der Reinen Erde" fiel der Erste Ahne auf die Erde. Seine verschachtelte Symbolik ist ungemein kompliziert: jede Seite der „Arche" entspricht einer Windrichtung, einem Himmelskörper und einer Gattung von Lebewesen. Der Norden z. B. steht für Menschen und Fische. Die acht Abteile innerhalb des Speichers („Bauch der Welt") entsprechen den acht Getreidekörnern und den acht Hauptorganen des Körpers und seine Mauern dem Skelett. (Aus: Griaule, „Conversations with Ogotemmeli")

die Gott den acht Ahnen gab, sowie der acht Organe des Wassergeistes mit ihrer Entsprechung menschlicher Organe, und einer riesenhaften weiblichen Figur.

Eine so dichte Information – über Ackerbau, Astronomie, Ethologie – ist nicht für alle Mitglieder der Gruppe gleichermaßen zugänglich. So kannten die Alten der Dogon esoterische Bedeutungen hinter dem gewöhnlichen Sinn von Gebärden, Zeichnungen und Redeweisen. Da dieser verborgene Sinn für Außenstehende, die durch Tausende von Meilen oder Jahren von seinem ursprünglichen Kontext entfernt sind, noch unzugänglicher ist, kann man statt dessen versuchen, mit Hilfe von nicht-kulturspezifischen Daten ein Verständnis zu gewinnen.

Eine Möglichkeit ist die, von außen nach innen zu arbeiten, indem man z. B. astronomische Rhythmen und Strukturen mit der Anatomie eines Mythos vergleicht, wie man es mit den Ringen von Stonehenge getan hat. Oder wir können uns auf mittleren Boden begeben: So zeigen z. B. die strukturellen Korrespondenzen, die Lévi-Strauss zwischen dem Rahmen und der Laufbahn einer großen Anzahl südamerikanischer Mythen und soziokulturellen Kategorien herausgefunden hat, einen Organisierungsprozeß, eine Matrix binärer Kontraste, die nach seiner Auffassung mit der neurologischen Struktur der menschlichen Intelligenz übereinstimmt. Auf diese Weise können Mythen verschiedener Gruppen entschlüsselt und ihr fundamentaler Zusammenhang aufgedeckt werden. Noch mehr als bei der Kabbala kann das Entschlüsseln solcher Tiefenstrukturen zu erheblicher Textmanipulation führen und ist daher oft willkürlich und obskur.

Das gilt nicht weniger für das psychoanalytische Verfahren, bei dem Mythen, wie Träume, als von unbewußten Kraftfeldern determiniert gelten, die über das individuelle Bewußtsein hinausgehen: Jungs „Archetypen" sind universelle formative Strukturen, die das Erscheinen bestimmter Bilder im Bewußtsein programmieren und zugleich einen Schlüssel für die Deutung von Mythen bilden.

Im Rahmen dieser Darstellung ist es mir nicht möglich, eine kontinuierliche „Lesart" eines Mythos auch nur nach einer dieser Methoden zu geben. Dies wäre auf jeden Fall unbefriedigend, da ich mir zum Ziel setze, die Vielfalt und Komplexität des Sinngehalts anzudeuten, die diese Lesarten erbringen können, ohne daß ich eine einzelne Methode für maßgebend halte. Ich habe statt dessen aus einer zusammenhängenden Palette von Mythen Beispiele vergleichbarer Momente ausgewählt, die sowohl den grundlegenden Schöpfungsvorgang demonstrieren, als auch die Art und Weise, wie sie ineinandergreifen.

Etwas aus Nichts

Die Welt *ist;* sie ist unwiderstehlich präsent. Wie erklären wir uns ihre Existenz? Wenn wir die Evolution zurückverfolgen, gelangen wir zur Vorstellung eines ursprünglichen „Etwas". Was liegt jedoch hinter dieser Urpräsenz? Eine Leere – die *Abwesenheit* des „Nichts". Wir können es nur negativ ausdrücken. In einem ägyptischen Text heißt es: „Als der Himmel noch nicht geboren war, als die Erde noch nicht geboren war, als der Mensch noch nicht

Moderne Astrologen glauben, daß immer noch Sterne geschaffen werden, wenn dichte Staubwolken (die auf Fotos als dunkle Flecken erscheinen) sich innerhalb einer größeren Gasfläche abkühlen und zusammenziehen: der Astralnebel (ein von Kant geprägtes Wort zur Beschreibung der einheitlichen Wolke von Teilchen, aus der das Sonnensystem sich kondensiert haben soll). (Foto des Großen Nebels im Orion)

geboren war, als die Götter noch nicht gedacht waren, als der Tod noch nicht geboren war . . ." Je größer die Leere, je absoluter das Nichts, desto radikaler erscheint der Schöpfungsakt. Seit 1215 ist die Idee einer solchen Schöpfung *ex nihilo* ein Teil der römisch-katholischen Lehre, doch das Wesen dieser Schöpfung blieb umstritten. So machte z. B. Wilhelm von Ockham geltend, daß Gott alle Kreatur in jedem Augenblick neu erschaffe. Vermutlich war John Buridan im 17. Jahrhundert der erste, der sagte, daß die Welt, von Gott in Bewegung gesetzt, sich selbst erhalte. Bezeichnenderweise scheint es dieselbe Option in der modernen Kosmologie zu geben: das „Urknall"- oder Evolutionsmodell, nach dem das gegenwärtige Universum einen definitiven und explosiven Anfang hatte (und ein ebenso definitives implosives Ende nehmen wird), und das Modell des „Dauerzustands", das die Ausdehnung des Universums durch eine ständige Schöpfung von Materie erklärt. Seit der päpstlichen Enzyklika von 1951 bekennt die katholische Kirche sich zum ersten Modell, weil es zeigt, daß „die Schöpfung in der Zeit stattfand. Daher gibt es einen Schöpfer; daher existiert Gott."

Diese kompromißlose Trennung von Sein und Nicht-Sein, Etwas und Nichts, ist eine typisch christliche Anschauung des Kosmos. Viele östliche Religionen dagegen fassen diese Gegensätze als komplementär auf. Der taoistische Weise Chuang-Tzu drückt es so aus:

Gibt es Sein, so geht ihm das Nicht-Sein voran, und diesem Nicht-Sein geht eine Zeit voran, da auch das Nicht-Sein noch nicht angefangen hatte, und weiterhin eine Zeit, da der Nicht-Anfang des Nicht-Seins noch nicht angefangen hatte. Unvermittelt tritt nun das Nicht-Sein in die Existenz, ohne daß man sagen könnte, ob dieses Sein des Nicht-Seins dem Sein zuzurechnen ist oder dem Nicht-Sein.

Dieses Paradox stellt den Ursprung der Schöpfung jenseits der Frage von Sein und Nicht-Sein in eine undenkbare Einheit, den unmöglichen Berührungspunkt zwischen dem Endlichen und dem Unendlichen, in das Chaos. Doch das Wort „Chaos" bedeutet in den Schöpfungsmythen selten eine Leere. Im *Ch'ien*, einem Kommentar zum *I Ging*, steht: „Wenn Energie, Form und

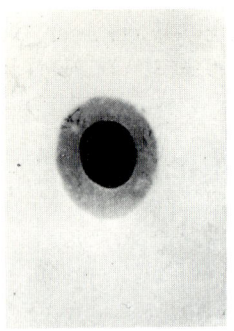

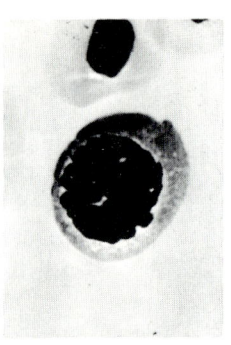

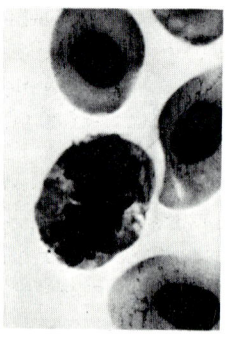

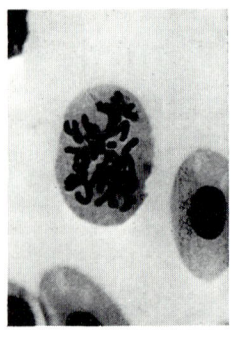

Materie vorhanden, aber noch nicht getrennt sind, nennen wir dies Chaos . . . Wenn man schaut, ist nichts zu sehen; wenn man hört, ist nichts zu hören; wenn man ihm folgt, erlangt man nichts." In Hesiods *Theogonie* bedeutet Chaos eine *werdende* „Spalte". Sogar in unserer eigenen Kosmographie ist umstritten, ob das „interstellare Gas" (von „Chaos" abgeleitet) „etwas" ist oder „nichts".

Chaos ist dann der Zustand, in dem alles ist, aber so undifferenziert, daß nichts sich einzeln manifestieren kann: reine Entropie, gleichmäßige Verteilung von Energie. Die Welt, wie sie ist, mit all ihren Unterschiedlichkeiten, muß deshalb anti-entropisch sein, eine konstante Behauptung gegenüber dem Chaos. Rabbi Bunam lehrte: „. . . Denn auch jetzt noch ist die Welt im Stande der Schöpfung . . . Tag um Tag, Nu um Nu bedarf sie der Erneuerung der Urwort-Kräfte, durch die sie erschaffen wurde, und würde die Kraft dieser Kräfte für einen Augenblick von ihr scheiden, sie verfiele wieder zu Irrsal und Wirrsal."

Die Schöpfung von irgend etwas bedingt die Auflösung dieser chaotischen Verschmelzung. Chuang-Tzu erzählt, wie das Süd- und Nordmeer sich im Niemandsland von Hun-Tun (wörtl. Bedeutung: „vermischt") trafen. Zum Dank für seine Gastfreundschaft beschlossen sie, ihm sieben Öffnungen zu schaffen, so daß er hören, atmen usw. konnte wie jedermann. Das Bohren der letzten Öffnung tötete ihn. Ein weiteres Beispiel dieser Auflösung taucht in unserer eigenen Kosmographie auf: Es wurde geltend gemacht, daß wir die „Urknall"-Hypothese nicht verifizieren können, weil „alle Spuren eines früheren Zustands durch den hohen Druck und die Temperaturen getilgt worden wären". Damit die Schöpfung sich entfalten kann, muß daher innerhalb der Urtotalität eine Trennung stattfinden wie in der Teilung einer Zelle. In der Lurianischen Kabbalistik wird angenommen, daß der Raum, in dem die Schöpfung sich vollzog, durch eine „Kontraktion" der Gottheit geschaffen wurde: daher ist das Nichts *in* Gott. In gnostischen Spekulationen wird die Materialisierung der Schöpfung als Resultat eines Zusammenbruchs der Ureinheit (pleroma) gedacht, als Sturz aufgrund des zerstörenden Begehrens. Nach Valentinus war Ennoia („Gnade") ursprünglich mit allem anderen in Autopater (dem Großen Vater des Alls) enthalten, aber sie „brach willentlich die ewigen Bande und weckte das Begehren des Großen, ihr beizuschlafen", und gab so den Anstoß zur Materialisation der Welt. In jedem Fall liegt also eine Wende vor, wodurch eine einzelne Totalität durch einen Willensakt die Entstehung von Raum, Zeit und Materie bewirkt: zu den Unterschieden und Eigenschaften, die zum Wesen der geschaffenen Dinge gehören.

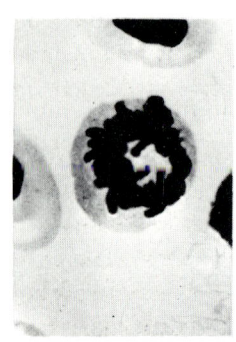
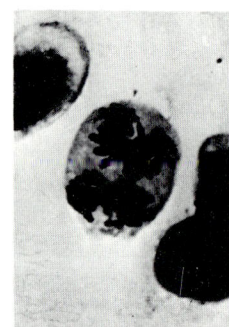
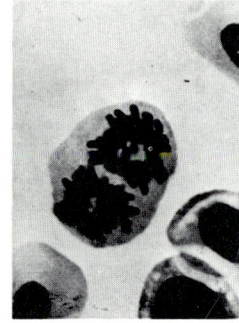
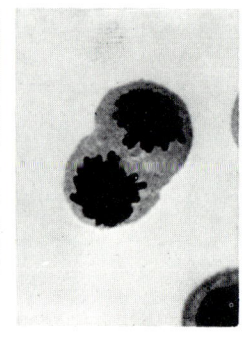
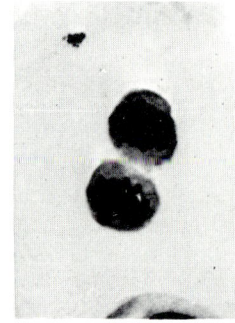

Der ganze Leib aller Wesen-in-der-Welt (weitere Darstellungen in einer Mulde des Rückens): vermutlich die Gestalt von Tangaroa, dem größten der Götter. (Zentrale polynesische Statue, Britisches Museum, London)

Links: Der Vorgang, durch den neue Zellen entstehen (Mitose). Die dunklen Körner des Chromatins sammeln sich im Zellkern als Chromosomen: jedes Chromosom teilt sich der Länge nach, und jede Hälfte wandert zum entgegengesetzten Ende der Zelle, worauf sich der Kern spaltet. (Mikrofoto der Mitose in weißen Blutkörperchen eines Frosches. Aus: Jirovec, Boucek und Filiale, „Life Under the Microscope")

Der Augenblick der Schöpfung hat daher oft den zweideutigen, beinahe tautologischen Charakter eines narzißtischen oder inzestuösen Akts. In einem ägyptischen Text heißt es:

> Ja ich
> ich war's
> packte meinen Schwanz
> preßte Samenwasser
> durch meine Faust in mich hinein
> ich wand mich um Schwanz
> fickte meinen Schatten mit
> fächelte mich unter seiner Wolke
> ich regnete Samenwasser
> spie es wie Gerste von der Erde
> in meinen Mund meinen
>
> Ich sproß Windmann Shu
> ich troff Regenmädchen Shefnut.

Dieser Vorgang schöpferischer Selbstbewußtheit kann andererseits auch eine ganz abstrakte oder begriffliche Form annehmen: als Produktion durch reine Gedankenkraft. Der Zuñí-Schöpfer „empfing in sich den Gedanken, und der Gedanke nahm Gestalt an und kam heraus in den Raum, und dadurch trat er in die Leere hinaus, in den Weltraum, und daher kamen die Nebel des Wachstums und des Dunstes, voll Kraft und Wachstum."

Der schöpferische Impuls entspringt, auf individueller oder universeller Ebene, einer Energie oder „Hitze". Wie wir gesehen haben, hat dieser Drang zur Manifestation oft den Charakter des Begehrens und steht damit in der Dialektik zwischen Identität und Unterschied, welche die Form vervielfachter „Selbste" und ihrer darauffolgenden Paarung annehmen kann. In der *Brihadaranyaka Upanishad* findet Purusha, der Urmensch, keine Freude im Alleinsein, und so teilt er sich in Mann und Weib, und die beiden Hälften begatten sich. „Sie" denkt: „Wie kann er mir nahen, nachdem er mich aus sich selbst geschaffen hat? „Wohlan, ich will mich verbergen." Und so verwandelt sie sich in verschiedene Arten von Tieren, und durch jedes zeugt das Paar die verschiedenen Gattungen.

In manchen Mythen fehlt die „andere Hälfte" des Schöpfers, oder sie ist nur in schattenhafter Form vorhanden, ohne die der höchste Schöpfer seinen Plan aber nicht ausführen kann. In einem Eskimo-Mythos ist Vater Rabe der Urheber der Schöpfung, er wird jedoch durchwegs von einem Sperling begleitet, und am Ende des Berichts heißt es: „So schuf Vater Rabe die Erde, aber der kleine Sperling war zuerst da." Wie wir sehen werden, verschwindet der Schöpfer sehr oft, sobald sein Werk vollbracht ist, oder er opfert sich, um es vollkommen zu machen.

Die Vorstellung eines Ur-Ganzen, von dem eine solche Teilung oder Vervielfältigung ausging, setzt eine Zeit vor der „Zeit" voraus, einen Kosmos, der als eine einzelne, stabile Konzentration von Energie existiert. Ebenso wie der Zerfall eines „fundamentalen" Teilchens die Umwandlung von Energie in Materie bewirken kann, so daß neue (und noch fundamentalere) Teilchen entstehen, so setzt das Aufbrechen des kosmischen Nukleus die Gegensätze, welche die Dynamik des Universums bilden, nicht nur frei, sondern *erschafft* sie. Der Physiker Lemaître erfand das Modell eines solchen „Uratoms", das ursprünglich in völligem Gleichgewicht war, sich aber durch eine Störung zur Größe des gegenwärtigen Universums ausdehnte. Eine ähnliche Vorstellung ist die des kosmischen Eis: ein Bild, das die Analogie zwischen der Erschaffung des Makrokosmos und der mikrokosmischen Neuerschaffung von Menschen, Tieren und Pflanzen aus Eiern, Keimen oder Samen darstellt. So entsteht z. B. in der orphischen Kosmogonie aus dem silbernen Ei des Kosmos eine zweideutige Gestalt:

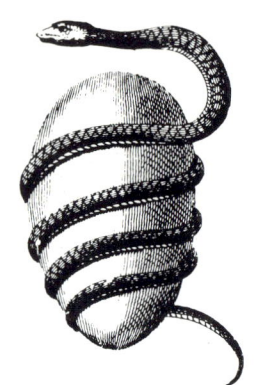

Nach der Lehre der Orphischen Mysterien entsprang der Schöpfer der Welt, Phanes/Dionysos, dem Silberei des Kosmos. Das Ei ist hier von der Spirale einer Schlange umwunden, welche die Zeit als Grenze der geschaffenen Welt darstellt. (Stich aus: J. Bryant, „Analysis of Ancient Mythology", 1774)

> Als Zeit und wehklagende Not
> das alte Ei zersprengten
> entstieg ihm Liebe als Erstgeborene
> mit feurigen Augen
> beide Geschlechter tragend
> der herrliche Eros
> Vater der unsterblichen Nacht
> die Zeus verschlang und zurückbrachte . . .

Aus dem zersplitterten Ei kommen alle Gegensätze von Licht und Finsternis, Männlich und Weiblich, Liebe und Kampf: die Aktionen und Reaktionen, die der Struktur der geschaffenen Welt in Raum, Zeit und Besonderheit ihre Energie verleihen.

Die Vereinigung von Gegensätzen

Zwiespalt ist die Antriebskraft der Schöpfung, die Spannung zwischen Gegensätzen. Das sumerische Wort für „Universum", *an-ki*, bedeutet „Himmel-und-Erde", und die Erschaffung oder „Benennung" des Menschen kann erst stattfinden, wenn beide voneinander getrennt sind. In manchen Mythen vollzieht die Scheidung der Elemente sich allmählich. Das japanische *Nihongi* berichtet, daß „einst Himmel und Erde noch nicht getrennt und In und Yo [Yin und Yang] noch nicht geteilt waren. Sie bildeten eine chaotische Masse wie ein Ei ohne klare Grenzen, das Keime enthielt. Der reinere und klarere Teil war dünn ausgespannt und bildete den Himmel, während der schwerere und gröbere Teil sich niederließ und zur Erde wurde."

Solche Unterscheidungen können erhebliche Kraft erfordern, wie in der Geschichte von Kronos (s. S. 10) oder in dem Bericht der Maori, in dem Himmel und Erde gewaltsam getrennt werden, als ihre Kinder „den Unterschied zwischen Licht und Finsternis entdecken" wollen. Die Scheidung des Schöpferpaares ist ein Öffnungsprozeß, durch den ihre Kinder sich zum ersten Mal sehen können: „Der grimmige Stoß von Tane riß den Himmel von der Erde, so daß sie auseinandergerissen wurden, und die Finsternis wurde offenbar, und desgleichen wurde das Licht offenbar."

In manchen Mythen ist die Dialektik komplexer: im *Rig Veda* nimmt Indra teil am Konflikt zwischen den Adityas („Befreiern", angeführt von Varuna) und den Danavas („Züglern") und erklärt sich bereit, den Anführer der letzteren, die große Schlange Vrta, zu spalten und die Wasser freizusetzen, die diese angestaut hat. Indem er dies tut, schwillt Indra zu einer so

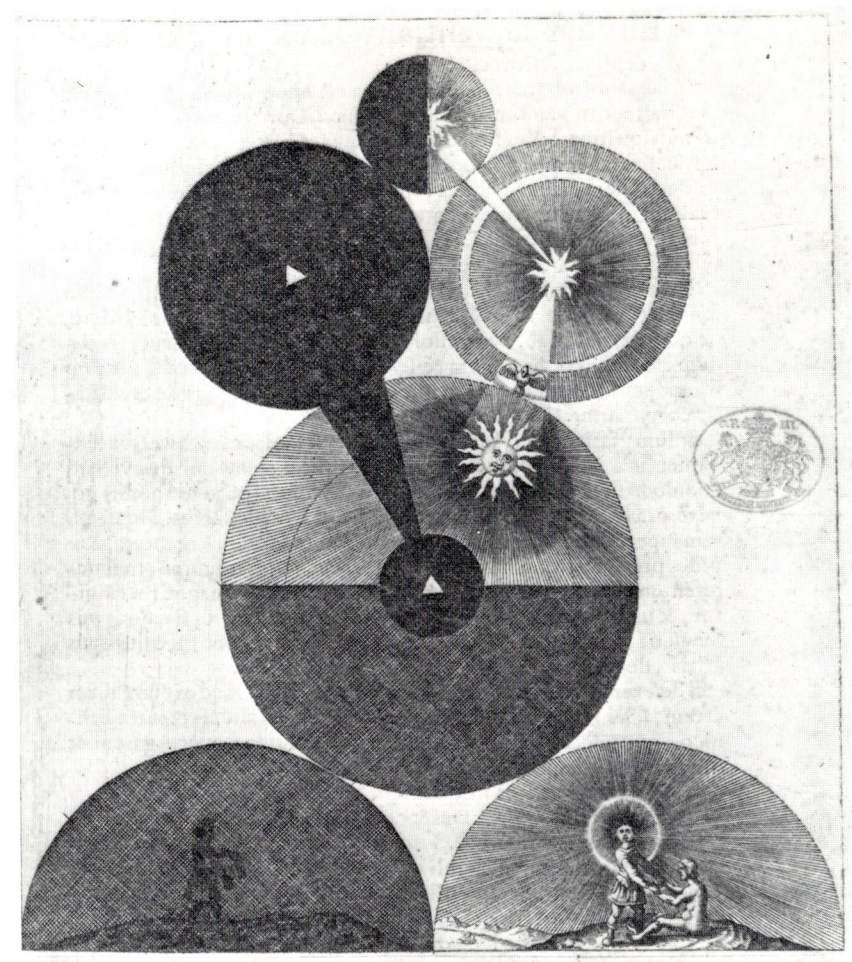

In diesem Diagramm sind der okkulte und manifeste Aspekt, die ursprünglich in Gott vereinigt waren, als Herabkunft in die geschaffene Welt dargestellt. Die fünf Kreise zeigen: (oben) Gott als Verbindung der dunklen/okkulten und lichten/manifestierten Eigenschaften; (links oben) die Finsternis über dem Abgrund; (rechts oben) Gott offenbart sein Licht aus der Finsternis; (Mitte) der Geist Gottes schwebt über den Wassern, während die göttliche Kraft die Welt aus der formlosen Materie schafft; (unten) die Hemisphären des Tages (in der Gott apollinisch, die Quelle der Schönheit, Harmonie usw. ist) und der Nacht (in der Gott dionysisch, die Quelle von Strenge, Strafe usw. ist). (Robert Fludd, „De Philosophia Moysaica", Frontispiz, 1638)

riesenhaften Größe an, daß er seine Eltern, Himmel und Erde, auseinandertreibt. Auch in der Kabbala ist die Struktur der Gegensätze komplizierter: jede der zehn Sephiroth enthält den Keim ihres Gegensatzes, bevor sie sich als nächste Sephirah manifestiert, zu der sie in einem komplementären Verhältnis steht. Die beiden Seiten (links und rechts) des Sephiroth-Baumes stehen für „Strenge" oder Unterscheidung bzw. für „Gnade" oder Vereinigung. Der Boden der Schöpfung ist daher die Mitte „zwischen" allen Gegensätzen.

In der ältesten chinesischen Sage vom Riesen P'an Kou wird dieser als Vermittler zwischen Yang (Himmel) und Yin (Erde) beschrieben: „P'an Kou, der in der Mitte war, verwandelte sich jeden Tag neunmal: manchmal in einen Gott des Himmels, manchmal in einen Heiligen der Erde." Die Entfernung zwischen Himmel und Erde vergrößert sich zunehmend während dieser Verwandlungen; der Aufeinanderprall der Gegensätze ist die Antriebskraft der Schöpfung. Im Schöpfungsbericht der Ngadju Dyak werden die Wolken, die Gebirge, Sonne und Mond usw. aus dem „Zusammenprall" zweier Berge geschaffen. Der erste Mann und das erste Weib sind aus den Trümmern geschaffen, die von einem Kampf zwischen zwei Nashornvögeln (eine andere Form derselben kosmischen Dualität) im Baum des Lebens übrigblieben, der während dieses Vorgangs zerstört wird.

Kein Ding der Schöpfung existiert in einer Welt für sich. Schon sein Name

Elohim (die Bezeichnung Gottes im ersten Bericht der Genesis) erschafft Adam. In Blakes kosmischer Ordnung, die zweifellos von der Gnosis beeinflußt war, stellte diese tödliche Umstrickung das Werk eines Demiurgen (Urizen), nicht des wahren Gottes dar, so daß Adam nur „der natürliche Mensch, und nicht die Seele oder Vorstellungskraft" ist. (Die Erschaffung Adams, kolorierte Monotypie von William Blake, England 1795, Tate Gallery, London)

setzt es zu seiner Kehrseite, seinem Gegenteil, in Beziehung: Ordnung – Unordnung, Zufall – Notwendigkeit, Wandlung – Wiederholung, Zerstörung – Schöpfung. Wie William Blake sagte: „Ein Teil des Seins ist das Zeugende, der andere das Verschlingende . . . das Zeugende würde aufhören zu zeugen, wenn der Verschlinger den Überfluß seiner Wonnen nicht wie ein Meer verschlänge." Das Phänomen der Schöpfung beruht allemal auf einer Dualität. In einem Hindu-Mythos begeht Brahma im Verlauf der Schöpfung mehrere Fehler: er schafft die Unwissenheit und wirft sie weg, aber sie überlebt; er schafft die Nacht, und aus ihr entstehen Geschöpfe der Finsternis, gegen die er fortan kämpfen muß. Das Hindernis, der Widerstand von Finsternis und Negativität, ist vom Standpunkt des Menschen ein sine qua non der Schöpfung.

Die echte Verwirklichung der Schöpfung (auf makro- und mikrokosmischer Ebene) findet in dem Augenblick statt, in dem sie zum „Anderen" wird, wenn sie die selbstbezogene Umlaufbahn ihres Schöpfers verläßt. Im Verlauf der Manifestation wird diese „dunkle" Seite so gründlich aus der „lichten" Seite ausgestoßen, daß dies zu einer absoluten Entfernung der Welt von ihrem Schöpfer führen kann, bzw. die Macht des Nein kann über eine einfache Unabhängigkeitserklärung hinausgehen. Der Ungehorsam, der zur Vertreibung von Adam und Eva aus dem Paradies in die Welt, wie wir sie kennen, führt, wird von einer zweideutigen Schlange ausgelöst, die später mit Satan identifiziert wurde. Während des Mittelalters entwickelte sich Satan zu einer immer eigenständigeren Figur: zum Erzrebellen und Herrn der Finsternis, doch könnte er, wie Jung bemerkte, aus der Gestalt des Schattens, der zum „intimen Gefolge Jahwes" gehörte, hervorgegangen sein.

Wie ich in dem Abschnitt über den „Abstieg" zeigen werde, wurde die Entfernung zwischen dem Schöpfer und der geschaffenen Welt oft als

Degradierung oder Sturz aus einem Urzustand der Gnade oder Unschuld angesehen. In der gnostischen Bilderwelt erfährt die geläufige biblische Geschichte des Sündenfalls eine subtile Umkehrung. Für die Gnostiker war die geschaffene Welt eine Entfremdung, eine Veruntreuung göttlicher Eigenschaften seitens eines unbotmäßigen Demiurgen, der nicht der wahre Gott war (oder einer Reihe von Archonten oder „Statthalter"). Daher verführt die Schlange (Satan) Adam und Eva keineswegs, sondern klärt sie über ihre wahre Natur auf, so daß sie, „als sie gegessen hatten, die Macht von drüben erkannten und sich von ihren Schöpfern abwandten". Also machen sie sich auf, um alle Bruchstücke des göttlichen Lichts, das in der Schöpfung zerstreut wurde, wiederzugewinnen und damit der Falle eines abgesonderten Daseins der Verbannung zu entrinnen.

Die Schöpfung kann auch in anderer Hinsicht eine Falle sein: als eine Art von kosmischem Hinterhalt, der zu einem Entscheidungskampf zwischen den ewigen Gegensätzen von Licht und Finsternis führt. In den späteren Fassungen der iranischen Kosmogonie bewohnen Ormuzd und Ahriman zwei völlig getrennte Reiche des Lichts und der Finsternis. Ahriman bemächtigt sich jedoch eines Lichtstrahls aus der Welt von Ormuzd, um ihn für sich zu besitzen. Ormuzd ist gezwungen, Raum und Zeit als Koordinaten einer Arena zu schaffen, in die Ahriman gelockt und in der er schließlich besiegt wird. Auf diesem dritten und mittleren Boden existieren die menschlichen Wesen. Die von Mani davon abgeleitete Form des Gnostizismus (die zur manichäischen Häresie führte) schloß auch den Glauben ein, daß die beiden Gegenspieler, Licht/das Gute und Finsternis/das Böse, von Anfang an existierten, hielt aber das Ergebnis des Kampfes zwischen den beiden für ungewiß.

Der Schatten-Schöpfer kann zugleich ein Rivale wie auch die Karikatur seines Gegensatzes sein. Ein Mythos der Irokesen berichtet von der Zwillingsgeburt der Schöpfer Ahorn-Sproß, der normal zur Welt kommt, und Tawiskaron, der seine Mutter bei der Geburt tötet. Ahorn-Sproß erschafft alle guten Dinge, auch den Menschen; Tawiskaron will ihn nachahmen, kann aber nur Mücken, Krokodile usw. erzeugen. Nachdem er von Ahorn-Sproß besiegt wurde, wird Tawiskaron der Herr des Totenreichs. Im Unterschied zu den iranischen und gnostischen Versionen erkennt der irokesische Bericht an, daß die Zwillinge sich komplementär ergänzen. Eine solche Anerkennung des Wertes des Negativen, die man in vielen Schöpfungsmythen findet (und die von Christen oft als „Teufelsanbetung" bezeichnet wurde) zeigt, wie Jakob Böhme sagte: „Ohne Gift und Begierde ist kein Leben; allhier urständet die ewige Feindung und Widerwille; und ist dem so, daß das Stärkste und Gierigste das Nützlichste und Fruchtbarste ist: denn es *macht* alle Dinge, und ist die *einzige Ursache* aller Beweglichkeit und allen Lebens."

Die widersprüchlichen Aspekte der Schöpfung sind in einer höchst paradoxen Gestalt mythisch vereint: im „Trickster", der in Paul Radins Schilderung „zugleich Schöpfer und Zerstörer, Geber und Verneiner ist, der andere betrügt und sich ewig selbst betrügt". Der Trickster „besitzt keine sozialen oder moralischen Werte, ... aber durch seine Taten entstehen alle Werte". Opfer und Held zugleich, handelt er unbewußt, denn seine Absichten sind lokal und unmittelbar, während der Vorgang, dessen Instrument er ist, ein kosmogonischer ist. Er ist die Essenz des begehrenden Lebensdranges und deshalb, wie Kerény sagt, „ein Geist der Unordnung, ein Feind der Grenzen, ... ein mächtiger Lebensgeist".

Die Stufen des Daseins. Die Ordnung der Schöpfung ist nicht bloß ein evolutionärer Ablauf von den einfachsten Protozoen zu den kompliziertesten Säugetieren, sondern sie impliziert auch die Unterwerfung der „niedrigeren" Formen des Lebens unter den Menschen. (Stich aus: Charles Bonnet, „Oeuvres d'histoire naturelle et de philosophie", 1781)

Weltordnung und Ordnung der Welten

Die erste Ordnung der Welt ist progressiv im Sinne einer Reihenfolge der Schöpfung: zuerst dies, dann jenes. Doch die Weltordnung betrifft auch ein Regieren des Kosmos; es ist das Gesetz, nach dem er sich entfaltet.

Schon die Bezeichnungen für „Welt" beziehen sich oft auf ihre Struktur in Raum und Zeit: das Sanskrit-Wort *maya*, das die endlose Fortpflanzung manifestierter Formen im Universum bezeichnet, hat die Bedeutung von „messen"; das griechische Wort *kosmos* bezog sich zuerst auf die politische, militärische und zeremonielle Ordnung – vermutlich war es Pythagoras, der es erstmals auf das Universum anwandte. Die Reihenfolge der Schöpfung (bzw. Evolution) impliziert eine Hierarchie: sehr oft ist der Mensch eines der letztgeschaffenen Dinge, weil er in gewissem Sinn am Ende der Schöpfung steht. (Dennoch gilt in vielen Schöpfungsmythen der Mann, weil er *vor* der Frau geschaffen wurde, als ihr überlegen.) Die Teleologie dieses Höhepunktes kann verschieden sein: im babylonischen *Enuma Elish,* dem frühesten uns bekannten Schöpfungsmythos, wird der Mensch geschaffen, „um den Göttern zu Diensten zu stehen zu ihrem Behagen"; während aus beiden Berichten der *Genesis* hervorgeht, daß der Mensch über den Rest der Schöpfung herrschen soll. Das Bild des Menschen als Höhepunkt der Evolutionspyramide spiegelt sich merkwürdig in dem Glauben Robinets, eines Philosophen des 19. Jahrhunderts, daß die mineralischen und pflanzlichen Formationen, die wie Körperteile aussehen, Überreste des ersten Versuchs der Natur seien, einen Menschen zu bilden. Im Mittelalter wurde die von Gott eingesetzte Weltordnung als stabil und in ihren Kategorien festgelegt angesehen, doch in der Mitte des 19. Jahrhunderts führte die wachsende Erkenntnis der Variationen innerhalb der Spezies zur Vorstellung einer *Evolution,* in der diese Definitionen, rückblickend festgelegt, im Hinblick auf die Zukunft offen waren. Das Bild wandelte sich von einer von außen garantierten, definitiven Architektur zu einer Reihe ineinandergreifender Vorgänge, an deren Verantwortung der Mensch aktiv beteiligt war; in denen „Natur" und „menschliche Natur" verwechselt wurden.

Das Wissen um eine dialektische Beziehung zwischen Struktur und Prozeß ist in der kabbalistischen Bilderwelt tief verwurzelt. Leo Schaya, ein jüngerer Kommentator, schreibt über die „Hüllen", welche die aufeinander folgenden Emanationen der Schöpfung konstituieren:

In der Schöpfung allein besteht eine Trennung und ein tatsächliches Nacheinander der Wirklichkeiten; ihre Rangordnung ist aber so gestaltet, daß eine jede in bestimmender und tätiger Weise diejenigen zusammenfaßt, die sich unter ihr befinden, und in empfänglicher und geduldiger Weise die ihr überlegenen.

Der Schöpfungsvorgang, wie immer er auch endet, beginnt mit einer Erläuterung von Grundprinzipien. In den Gesetzen Manus steht, daß Brahma nach seiner Geburt aus dem kosmischen Ei „aus sich selbst den Geist, gebildet aus Sein und Nicht-Sein, hervorbrachte; und aus dem Geist das Ich, den Selbst-Mittelpunkt der Welt". Hier haben die immateriellen Elemente deutlichen Vorrang vor den materiellen Elementen, wobei die fünf Sinne die Vermittler zwischen beiden sind. „Daraus gehen die gröberen Elemente und ihre Tätigkeiten hervor; aber der Geist mit seinen feinstofflichen Bestandteilen ist der schöpferische Teil aller Dinge."

Wenn immer es den Anschein hat, als würde die Entstehung der Welt auf einer rein konkreten Ebene behandelt, gilt es zu bedenken, daß in diesem Kontext kein Element rein „materiell" ist. Als Quelle aller Dinge in der Welt sind sie zutiefst metaphorisch und jenseits der Unterscheidung von physisch und metaphysisch. Für die indischen Samhyka-Philosophen offenbaren sich entfaltenden Elemente Entsprechungen zu den Sinnen: aus der Leere entstand Luft (Gehör); aus der Luft Feuer (Gefühl); aus dem Feuer Wasser (Gesicht); aus dem Wasser Erde (Geschmack und Geruch). Oder die elementare Struktur der Welt kann eine raum-zeitliche sein: in den verschiedenen Kosmogonien der Navajo finden sich komplexe Entsprechungen zwischen den vier Himmelsrichtungen, den Tageszeiten und Eigenschaften wie Reinigung, Nährkraft und Fruchtbarkeit. Wenn ein Element als ursprünglich betrachtet wird, muß der Schöpfungsbericht zeigen, daß die anderen seine Transmutationen sind. In einer indischen Kosmogonie ist das erste und

Sandmalerei eines Navajo-Schöpfungsmythos. In der Mitte befindet sich die Leiter, auf der die Navajo in die Welt einstiegen. Sie ist umgeben von den farbigen Balken der Himmelsrichtungen. Auf jedem Balken steht eine Figur (von links nach rechts, Uhrzeigersinn): Dämmerung-Mann (Osten, weiß), Abend-Mädchen (Süden, blau), Zwielicht-Mann (Westen, gelb), Dunkelheit-Mädchen (Norden, schwarz). Links von jeder Figur befindet sich einer der vier Berge, die die Ecken der Welt bildeten, bevor sie gedehnt wurde. Rechts sind Geräte zum Anlegen von Entwässerungsgräben. Links von jedem Kopf sind die ersten Menschen zu sehen und rechts verschiedene Formen des Coyote. In den Ecken zwischen den Figuren befinden sich die Pflanzen, die sie auf der Erde vorfanden und die sie als Nahrung und als Tabak benutzten. (Beautyway, L. C. Wyman, „Sandpainting of the Kaventa Navajo", Santa Fe, Neu-Mexiko, 1952)

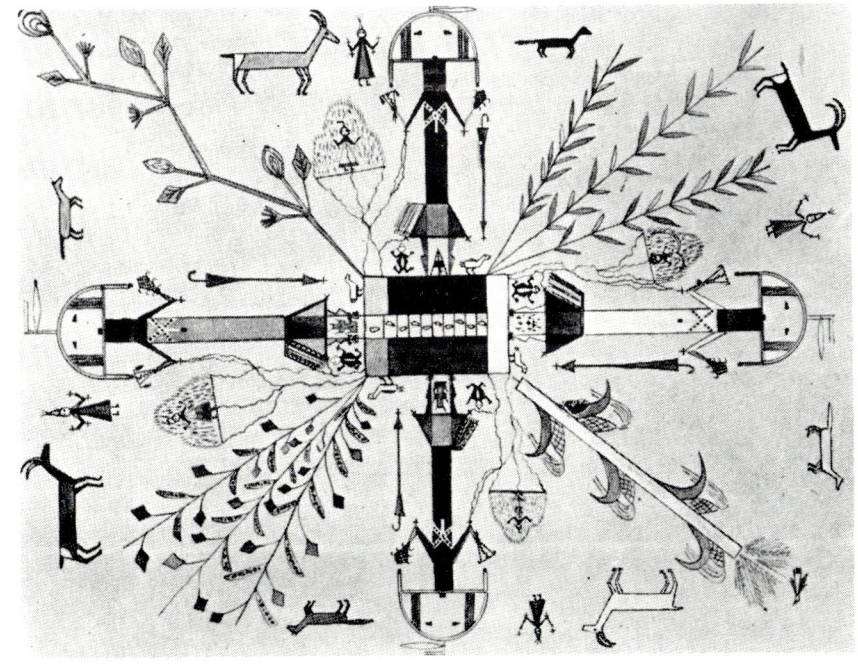

einzige Element das Wasser, als das Höchste Wesen das Universum erschafft: das Wasser bewegt und spaltet sich und erzeugt einen Laut, der die Anwesenheit von Luft/Raum verkündet; dieser Wind erzeugt eine Reibung, die Feuer entzündet; der Brand hinterläßt eine Leere, in der die obere Sphäre des Himmels sich bildet. Erst nach dieser kosmischen Evolution erscheint Brahma aus der Mitte eines leuchtenden tausendblättrigen Lotos. Derselbe Vorgang kehrt sich um, wenn das Universum am Ende eines kosmischen Zyklus wieder vergeht, so daß wiederum das Wasser das einzige Element ist.

Die Entfaltung einer Weltordnung kann also ein Zyklus sein, in dem Verfall oder Zerstörung ebenso viel Raum/Zeit einnehmen wie die Schöpfung. Manchmal ist die Folge endgültig: die ganze Schöpfung kann dem Untergang geweiht sein wie im skandinavischen *Ragnarök* (das auch die Götter einschließt); oder wenn die Schöpfung ihren Zweck erfüllt hat, kann sie widerrufen werden wie im Jüngsten Gericht des Christentums. Der letzte Augenblick der Schöpfung kann als Spiegelbild ihres Anfangs erscheinen. Die Aufeinanderfolge von Welten kann jedoch auch die scheinbare Endgültigkeit von Unordnung oder Zerstörung transzendieren. Die indische Vorstellung von zahlreichen Welten, von denen jede ihre lokale Form von Zeit und Raum besitzt, die alle vor dem Hintergrund einer unvorstellbaren kosmischen Zeit werden und vergehen, haben etwas mit dem modernen „Urknall"-Modell der Entstehung des Universums gemein, in welchem ein Zyklus von Explosion und Implosion sich unendlich wiederholen kann. Manchmal findet in der Aufeinanderfolge von Welten eine allmähliche Wandlung entweder in Richtung einer Verbesserung oder eines Verfalls statt (denn die Welt wird, wie wir noch sehen werden, oft für die Spiegelung einer Ordnung gehalten, die außerhalb des bekannten Kosmos liegt). Nach der *Vishnu Purana* entstanden in der ersten Schöpfung die unbeweglichen Dinge; sie war finster und ohne Intelligenz. Eine zweite Schöpfung brachte die Tiere hervor, und diese waren noch dunkel und vom Instinkt beherrscht. Die dritte Schöpfung war strahlend und befreit, und in ihr entstanden die Götter. Doch die vierte Schöpfung, diejenige der Menschen, bezeichnet eine Abwärtsbewegung, und sie ist eine Mischung aus Licht und Finsternis.

In anderen Kosmogonien sind die Welten eine Reihe von Versuchen und Irrtümern, die im Erscheinen des Menschen und seiner Welt gipfeln (wie in den vier aufeinander folgenden Welten der Nahua). Damit jede neue Welt nicht völlig von vorn anfangen muß, kann eine auserwählte Gruppe jede destruktive Phase überleben (wie in der hebräischen Geschichte von Noah und einem Mythos der Zuñi) und alles, was sie gelernt hat, in die nächste Welt hinübertragen. In der jüngsten Fassung der Kosmogonie der Hopi, leben die Menschen eine Folge von Welten hindurch: ihre Errungenschaften werden immer komplexer, aber in jeder Welt führen die Veränderungen auf einer neuen Ebene zu Streit, Habsucht und Unordnung, so daß nur wenige des Schöpfungsplanes gedenken. Diese werden gerettet, während die übrigen der Vernichtung anheimfallen. Die gegenwärtige Welt, Tuwaqachi, ist die „vollkommene Welt". Sie „besitzt Höhe und Tiefe, Hitze und Kälte, Schönheit und Wildnis: sie bietet euch alles zur Wahl an". Sie ist so gemischt, weil die Menschen um so eher den Weg des Übels gehen, je mehr ihnen das Leben erleichtert wird. Daher betonen die Hopi: „Je weiter du gehst, desto schwieriger wird es."

In anderen Fällen wird die ursprüngliche Schöpfung von einem zweiten

Schöpfer „verdaut", wie Eros oder Phanes und sein Kosmos von Zeus verschlungen wurden (s. S. 16). Viele Schöpfungsmythen drehen sich um eine Paarung, die inzestuös und fruchtbar zugleich ist (ein je nach Zeit und Ort sowohl sakraler als auch verbotener Vorgang): Zeus zeugte Dionysos/ Zagreus mit Persephone, seiner Tochter. Als Dionysos von den Titanen zerrissen wurde, verbrannte Zeus diese, und aus ihrer Asche entstand die menschliche Rasse. Die Topologie solcher Identitäts- oder Funktionswechsel kommt in einem Gedicht von Gary Snyder schön zur Geltung:

> Der Vater ist die Leere
> seine Frau die Wellen
> ihr Kind ist Stoff.
>
> Stoff treibt's mit seiner Mutter
> und ihr Kind ist Leben, eine Tochter.
>
> Die Tochter ist die Große Mutter
> die mit Stoff, ihrem Vater/Bruder, als Liebhaber
>
> den Geist gebiert.

Auf diese Weise wird der ursprüngliche Schöpfungsaugenblick kompliziert oder zeitlich verschoben; aber dies deutet auch darauf hin, daß die Schöpfung letztlich aus einer Quelle *anderer Ordnung* stammt, die wir kaum verstehen können und die ganz anders ist als die Gesetze und Ordnungen, die wir vermeintlich von ihr abgeleitet haben.

Abstieg/Aufstieg

In vielen Schöpfungsberichten geht es um die Frage der Beziehung zwischen einer sich wandelnden Welt endlicher Formen und ihrem unendlichen, ewigen Ursprung, zwischen dem Manifesten und Nicht-Manifesten, oder, modern ausgedrückt: zwischen Materie und Energie. So wie eine Ursache ohne Wirkung im Verborgenen bleiben muß, so ist die Schöpfung nach verschiedenen Traditionen ein Mittel der göttlichen Manifestation, um Gott „auf die Erde zu bringen". Ein Sufi-Spruch besagt: „Ich war ein verborgener Schatz und begehrte, erkannt zu sein: daher schuf ich die Schöpfung, um mich zu erkennen zu geben." Nach einer anderen islamischen Tradition sind der Abstieg und seine Umkehrung, der Aufstieg, dialektisch verbunden: der Mensch ist von einem paradiesischen Zustand „abgestiegen", den er schließlich nicht nur zurückgewinnen, sondern als „universaler Mensch" überschreiten und so den Prozeß zu Ende führen wird, wodurch Gott sich selbst erkennen kann.

Dasselbe Bild findet sich in der Kabbala, im *Zohar:* „Im Anfang, vor der Erschaffung jeglicher Form war Er ohne Gestalt und Ebenbild . . . Aber als er den überirdischen Menschen geschaffen hatte, war dieser für ihn wie ein Wagen, und er stieg damit herab, um erkannt zu werden." Das göttliche Licht wird durch vier gleichzeitig existierende Welten gebrochen, deren letzte die „Welt der vollbrachten Tat" ist: die kabbalistische Mystik will die Wende bewirken, die den Verlauf der Schöpfung umkehren und schließlich alle Dinge zur Einheit in Gott zurückführen wird.

Dieser ewige, ungebrochene Zustand wird manchmal „Eden" genannt. William Blake glaubte, daß „der Künstler ein Bewohner dieses glücklichen Landes ist, und wenn alles weitergeht, wie es begonnen hat, wird die Welt der Vegetation und der Generation sich wieder dem Himmel öffnen durch Eden, wie es im Anfang war".

In der orthodoxen christlichen Tradition fand eine allmähliche Verlagerung von Gott dem Schöpfer zu Gott dem Erlöser statt, aufgrund eines wachsenden Glaubens, daß die Welt, wenngleich göttlichen Ursprungs, gefallen und in ihrem Wesen verdorben ist. Die Vision der Schöpfung als Verlust oder Entfremdung von der göttlichen Kraft erscheint in ihrer pessimistischsten Form in einem gnostischen Text, wo selbst das Leuchten des Göttlichen Lichts in der Finsternis als Abstieg gewertet wird, bei dem die Finsternis sich vorübergehend der „Funken" dieses Lichts bemächtigt. Die geschaffene Welt ist das Ergebnis eines Falles, durch den der Geist in der Materie gefangen ist. Sie ist nicht das Werk des wahren Gottes, sondern eines Demiurgen und einer Reihe von Archonten, „die viel tiefer stehen als der ungezeugte Vater". Auch der Buddhismus sieht das irdische Leben als Versuchung und Erniedrigung. Wenn eine neue, süß duftende Erde nach der Vernichtung der alten erscheint, steigen strahlende Wesen vom Himmel herab. Doch nachdem sie die Erde gegessen haben, verlieren sie ihren Glanz, und je weiter sie verfallen, desto mehr Unterscheidungen treten auf: zuerst Zeit und Jahreszeiten, dann die Unterscheidung zwischen schön und häßlich usw. In ähnlicher Weise muß in der iranischen Kosmogonie Ormuzd aus der unendlichen Zeit in die „Zeit der langen Herrschaft" herabsteigen, um Ahriman zu besiegen (s. S. 19).

In weniger unheilvoller Weise bedeutet die Entstehung jeglicher Schöpfung den Übergang von einem potentiellen und universellen Zustand in einen tatsächlichen und besonderen. Ein jüdisches Sprichwort besagt, daß „der Mensch im Mutterleib das Universum kennt, aber bei der Geburt vergißt er es". Viele Spekulationen über den Ursprung der Schöpfung halten die Welt der geschaffenen Dinge für eine bloße Reflexion – manchmal eine unzulängliche oder illusorische – einer unsichtbaren höheren Welt. Nach Platons *Timaios* „wurde die Welt nach dem Ebenbild dessen erschaffen, was der Vernunft und der Seele zugänglich und unwandelbar ist, und muß daher notwendig ein Abbild von etwas sein". Die Irokesen glaubten, daß alles Irdische einen „älteren Bruder" im Himmelreich hatte. „Ongwe" wurde vom „Alten im Himmel" geschwängert, in ein Loch im Himmelsbereich gelockt und hineingestoßen, wodurch eine Kette von Ereignissen ausgelöst wurde, die zur Gestaltung der Welt führten. In solchen Bildern ist der Abstieg mehr als nur eine genetische Folge: er bedeutet den radikalen Unterschied zwischen dem, was oben, und dem, was unten ist. In zahlreichen afrikanischen Mythen werden die ersten Menschen vom Himmel auf die Erde herabgelassen; oder aber Gott zieht sich aus dem Leben mit den Menschen auf der Erde zurück.

Die Diskrepanz zwischen den individuellen Formen der Schöpfung und dem „Reservoir" potentiellen Lebens kann in Form einer Delegation (im Gegensatz zu einer Usurpation) des Schöpfungswerkes sein. So erschafft die Pueblo-Kornmutter Iyatiku die Prototypen aller Geschöpfe in der Unterwelt,

Oft wird die Materialisation der Schöpfung als ein „Herabsteigen zur Erde" aus einem transzendenten Bereich gesehen. Hier steigt die Feuerkugel der göttlichen Seele aus der quadratischen Weisheit Gottes hernieder in den Leib des Kindes, während es sich noch im Mutterleib befindet. Die Gestalten, die die Mutter umgeben, tragen verschiedene Käsesorten, welche die unterschiedliche Qualität des menschlichen Samens darstellen. Links oben: wie der Teufel eine verdirbt. (Abstieg der Seele, Miniatur aus: Scivias der Hildegard von Bingen, deutsch, ca. 1150, Biblioteca Statale, Lucca)

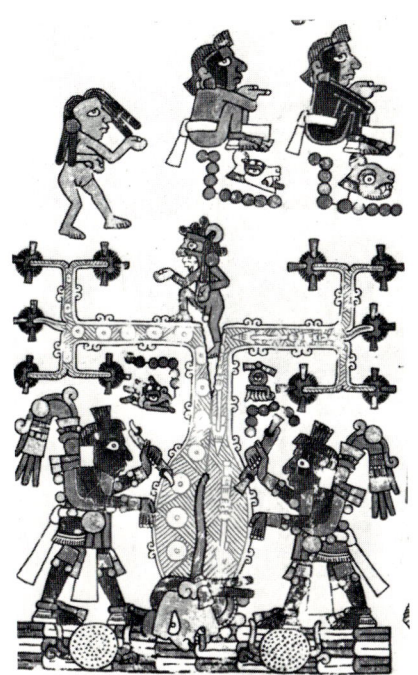

Die ersten Menschen, die in die neuerschaffene Welt aufsteigen, sind wie Kinder; manchmal werden sie direkt aus dem Boden geboren. In dieser mixtekischen Darstellung klettern der erste Mann und die erste Frau aus einem Mutterschoß-Baum, der von zwei göttlichen Wesen geöffnet wird. Diese spielen vielleicht die Rolle des Tricksters, da sie ihre Gewänder offenbar verkehrt herum tragen. (Codex vindobonensis mexicanus, Mexiko, Österreichische Nationalbibliothek, Wien)

aber ihren Zwillingstöchtern obliegt es, die Bäume in der Wirklichkeit zu pflanzen, die Tiere aus ihren Körben zu entlassen usw.; sie erscheinen außerdem als die Mütter der Menschenwesen. Der Schöpfungsbefehl kann sogar noch weiter gereicht werden: in der oben zitierten Fassung der Hopi-Kosmogonie delegiert Taiowa, der Schöpfer, die Ausführung seines Plans an Sotuknang, der Erde, Wasser und Himmel erschafft. Dieser wiederum beauftragt die Spinnenfrau mit der Schöpfung des Lebens, und diese bringt u. a. Zwillinge hervor, die dafür verantwortlich sind, „die Welt in Ordnung zu halten".

Wie wir im vorherigen Abschnitt gesehen haben, kann die Aufeinanderfolge von Welten aufwärts statt abwärts verlaufen. In einem Schöpfungsbericht der Zuñí-Indianer ist von vier Höhlen-Mutterschößen die Rede, durch welche die Menschheit von magischen Zwillingen (Boten von Vater Himmel und Mutter Erde) geführt wird. In jedem Mutterschoß nehmen die Eigenschaften der Welt an Komplexität zu, bis schließlich die gegenwärtige „Welt verstreuten Lichts und Wissens" erreicht ist. Als die Götter im *Popul Vuh* feststellen, daß sie die Tiere nicht bewegen können, die Namen ihrer Schöpfer auszusprechen, bilden sie nacheinander verschiedene Formen des Menschen aus Lehm, Holz und Binsen. Schließlich gelingt es ihnen mit einem aus Maismehl gekneteten Teig. In einem Mythos der Navajo sind die Stufen des Aufstiegs voll komplizierter Querverweise. In einer Fassung erscheint der Mensch erst in der Fünften Welt, als die Götter sich zusammentun, um ihn zu erschaffen. Er heißt „Aus-allem-geschaffen", denn „Sie schufen seine Füße, seine Zehennägel und Fesseln aus der Erde des Bodens, seine Beine aus dem Blitz . . . Sie machten ihn aus allen Arten von Wasser . . . und sie machten seine Arme aus dem Regenbogen. Sein Haar war aus der Finsternis geschaffen, sein Schädel aus der Sonne . . . "

Erdenleib und Opfer

Durch die Entsprechung zwischen Teilen seines Körpers und Teilen der Welt ist der Mensch ein Mikrokosmos, eine Miniatur des Universums. Diese Beziehung ist metaphorisch in zweierlei Hinsicht: die Welt ist in ihm und für ihn da. Er ist der Brennpunkt ihres Orbits, und gleichzeitig ist er in der Welt, ein Glied eines gigantischen Organismus. Die ökologische Sicht des Erdganzen ist nur das jüngste Bild einer langen Tradition, die über die hermetischen Lehren zur Vorstellung einer Weltseele, der *anima mundi,* zurückreichen. Platons *Timaios* legt dar, daß der gesamte Kosmos aufgrund seiner Ordnung und Harmonie Intelligenz besitzen und „fürwahr ein lebendiges Geschöpf mit Seele und Vernunft" sein müsse. Der Kosmos des *Timaios* wurde von einem Schöpfer gebildet, doch in vielen Mythen löst der Schöpfer sich in seiner Schöpfung auf, fast immer durch Tod oder Selbstopferung. Nachdem der nordische Riese Ymir von den drei ersten Göttern erschlagen wurde, geschah dies:

Aus dem Fleisch Ymirs wurde die Welt gebildet,
aus seinem Blut die Wogen des Meeres,
die Gebirge aus seinen Gebeinen, die Bäume aus seinem Haar,
die Himmelskugel aus seinem Schädel.

In der Hindu-Kosmologie wird Purusha, der Urmensch, zerstückelt, und aus allen seinen Teilen wird das Universum geschaffen. In manchen Fällen, wie im ägyptischen Schöpfungsbericht von Memphis, wird der Schöpfergott mit dem ersten Erscheinen der Erde identifiziert: einer von Ptahs Namen lautet „Aufsteigende Erde".

Die Erde ist sowohl der elementare Index der Schöpfung, die erste und ursprüngliche Basis des Lebens, und die kontinuierliche Quelle all dessen, was danach ins Dasein tritt: daher wird die Erde als die Mutter alles Lebendigen bezeichnet. In einem Mythos der Thompson-Indianer der Nordwestküste Amerikas wohnte die Erde zuerst im Himmel, doch weil sie sich über die Hitze der Sonne beklagte, versetzte der Alte sie nach unten und sagte ihr:

> Hinfort wirst du die Erde sein, und Menschen werden auf dir leben und auf deinen Bauch trampeln. Du wirst wie ihre Mutter sein, denn aus dir werden Körper entspringen, und zu dir werden sie zurückkehren. Die Menschen werden wie in deinem Busen leben und in deinem Schoß schlafen. Sie werden sich von dir nähren, denn du bist fett; und sie werden jeden Teil deines Leibes gebrauchen.

Die Hopi-Indianer glauben, daß die Erde sich insbesondere in der Gestalt der Kornmutter offenbart, denn das Korn ist „ein Lebewesen mit einem Leib, der in mancher Hinsicht dem des Menschen gleicht, und die Menschen verleiben sich sein Fleisch ein". Dieser Zyklus der Verwandlung findet manchmal schon im Schöpfungsprozeß statt: durch sein Selbstopfer wird der Schöpfer über die ganze Schöpfung verstreut, kann aber stets von neuem wiedererweckt werden, z. B. in Form einer Pflanze. Indem sie diese Pflanzen verzehren, tragen die Menschen dazu bei, daß der Schöpfer durch die Welt zirkuliert. Das Paradox, daß der Schöpfer *wegen* seines Selbstopfers anwe-

Auch wenn es einer Schöpfung bestimmt ist, vollendet zu werden, müssen ihre Geschöpfe der Quelle des Lebens ihr Leben darbringen. Tonatiuh, die Sonne (links) trägt unter sich das Datum seines unvermeidlichen Endes. Unter dem Mond, über dem Rachen der Erde, steht eine dämonische Version der Venus (Tlauixcalpantecuhtli) und bringt ihm als Opfer das Blut einer Wachtel dar. (Codex Borgia, Mexiko, 15. Jh., Biblioteca Apostolica Vaticana, Rom)

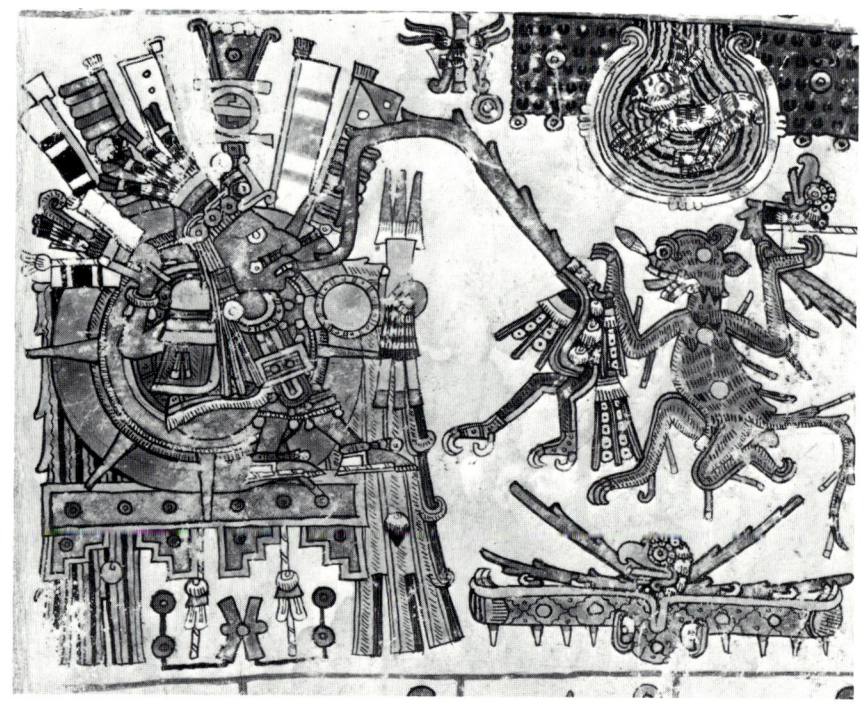

send ist, hat eine Parallele in der Vorstellung, daß der menschliche Tod Teil eines über das Leben hinausgehenden Zyklus ist. Bei den Ceram von Neu-Guinea hießen die Urwesen Dema. Eines davon, Hainuwele, das aus einer Pflanze geboren war, wurde von den ersten Menschen rituell ermordet. Aus ihrem zerstückelten, begrabenen Leib gingen verschiedene Pflanzen hervor, von denen viele wertvolle Nahrung waren. Doch eine andere Dema ließ die ersten Menschen einen rituellen Tanz ausführen, wobei sie durch eine Türe gingen, die aus Hainuweles Armen gemacht war. Darauf wurden einige sterbliche, nach Geschlecht unterschiedene Menschen, andere verwandelten sich in Tiere.

Manchmal begegnet das Opfer, von dem die Schöpfung abhängt, größerem Widerstand: im *Enuma Elish* kann Tiamats Leib erst in Erde und Himmel gespalten werden, nachdem Marduk sie besiegt hat; und die gewaltsame Nutznießung der Erde spiegelt sich vielleicht auch darin, daß dasselbe Wort *ku-bu*, das Tiamats zerstückelte Körperteile bezeichnet, auch Fötus und Erz bedeutet. In der aztekischen Kosmologie hat das Opfer umgekehrte Funktion: Quetzalcóatl und Tezcatlipoca zwangen das Erdungeheuer Tlalteutli, vom Himmel herabzukommen. Diese erwies sich jedoch als so gefräßig, daß sie sie zerreißen mußten. Alles – Erde, Himmel, Götter und Lebewesen – war aus ihr gemacht, aber sie blieb unersättlich: „Sie ist die Göttin, die nachts manchmal weint und sich sehnt, Menschenherzen zu verzehren, und sie verstummt nicht, ehe sie gefüttert wird, und sie trägt keine Früchte, ehe sie mit Menschenblut getränkt wird."

Tod, Zeit und die Elemente

Die Bedingtheit des Lebens ist der Tod: alles Geschaffene und durch Wandlung Werdende muß den absteigenden Bogen des Zyklus durch Verfall und Tod gehen (doch wer weiß, ob der Tod selbst nicht bloß ein Ereignis, sondern ein ebenso ausgedehnter Prozeß wie das Leben ist?). Der Tod ist die Kehrseite des Dranges zur Selbsterhaltung oder des „Begehrens aller lebenden Organismen: daher kann er als die verborgene Quelle der geschaffenen Welt betrachtet werden. In der *Brihandaranyaka Upanishad* heißt es: „Im Anfang war nichts. Alles war eingehüllt von Mrtyn [Tod], vom Begehren, denn Begehren ist Tod. Dann dachte Mrtyn: ‚Wenn ich nur ein Selbst hätte.' Und lobsingend begann er sich zu bewegen. Und während er Loblieder sang, entstanden die Wasser."

In ähnlicher Weise wird der Abstieg in eine zeit- und raumgebundene Welt, den wir in vielen Schöpfungsberichten kennengelernt haben, manchmal als unheilvolle Anziehung dargestellt. Im gnostischen *Poimandres des Hermes Trismegistos* wird der Urmensch durch seine Liebe zur Natur in den Machtbereich der siebenfältigen planetarischen Harmonie gezogen: Um sich daraus zu lösen, „muß er erkennen, daß er unsterblich ist und daß die Ursache des Todes die Liebe ist". Die gnostische Idee, daß der Mensch sich von der erschaffenen Welt absetzen muß, kehrt bei Jung wieder, wenn er sagt, daß wir „in dem Maße sterben, als wir nicht unterscheiden". Mit anderen Worten, der Tod als endgültige Auflösung der Identität ist das dialektische Gegenteil des Individuationsprozesses, der das menschliche Leben charakterisiert.

Wie wir gesehen haben, wird der Tod in vielen Mythen als gegensätzliche, jedoch *komplementäre* Gestalt zum Schöpfer als Urheber des Lebens dargestellt. Manchmal wird der dunklere Zwilling des Schöpferpaares nach seiner Niederlage zum Herrn des Totenreichs wie im Fall von Tawiskaron. Oder der Schöpfungsimpuls kann von der Unterwelt ausgehen, woher alles Lebendige kommt und wohin es zurückkehren muß, wie im Fall von Iyatiku: der Tod ist die unsichtbare Kehrseite, das fehlende Glied im Zyklus des geschaffenen Lebens. Der Mythos von Hainuwele zeigt, daß ohne Tod und Auflösung der Zyklus der Fruchtbarkeit nicht stattfinden kann; und die Assoziation eßbarer Pflanzen mit Sexualität zeigt, daß derselbe Rhythmus das menschliche wie das pflanzliche Leben regiert. Die Zeit ohne Tod ist daher eine Zeit vor der Trennung in Geschlechter, als der Urmensch oft asexuell oder bisexuell war. Geburt und Tod sind Anfang und Ende, weniger der Materie oder Energie an sich als ihrer individuellen, persönlichen Formen. In der bekannten Geschichte der *Genesis* fällt die Entdeckung der Sexualität mit der des Todes zusammen, und beide spiegeln die Situation des Menschen in der Welt.

Das Land der Jugend, das oft in Volkssagen erscheint, ist frei von Tod, Krankheit und Mangel und kennt weder Wandel noch Verfall oder Wachstum. Vor allem aber ist es ein Land, in dem die Zeit aufgehoben ist. Die Zeit ist eine weitere Bedingtheit der geschaffenen Welt. Manche Mythen unterscheiden zwischen einer weltlichen und einer kosmischen Zeit. Im Sinne der letzteren wird die Länge und Abfolge von Kalpas (Weltepochen) in der Hindu-Kosmologie berechnet. Die Vorstellung, daß die Zeit in irgendeiner Weise der oberste Richter zwischen gegensätzlichen Prinzipien als Urgrund des Kosmos ist, drückte der griechische Philosoph Anaximander aus:

Woraus aber die Dinge ihre Entstehung haben, darein finde auch ihr Untergang statt, gemäß der Schuldigkeit. Denn sie leisteten einander Sühne und Buße für ihre Ungerechtigkeit, gemäß der Verordnung der Zeit.

In den meisten Schöpfungsberichten wird jedoch das vorläufige Wesen der Zeit unterstrichen. In der iranischen Kosmologie wurde Ormuzd gezwungen, eine Welt in der Zeit zu schaffen und auf diese Weise seine Integrität zu „beschmutzen": „Und um den Angreifer seiner Macht zu berauben, schuf er, da er keine andere Wahl hatte, die Zeit. Der Grund dafür war, daß der Zerstörergeist nicht entmachtet werden konnte, wenn er nicht mit ihm kämpfte." Im *Enuma Elish* erschafft Marduk, nachdem er Tiamat überwunden hat, den Zodiak und die Jahreszeiten als Rahmen, der die Schöpfung enthält. Und in der *Genesis* wird das Zeitgefüge auf Erden am dritten „Tag" durch Himmelskörper geschaffen, die nicht nur Stunden und Jahreszeiten anzeigen, sondern ein Gesetz und eine Ordnung hinter den Erscheinungen. In der Tradition der Apokalypse wird die Aufhebung der Schöpfung und das daraus folgende Ende der Zeit durch außergewöhnliche Bewegungen dieser Himmelskörper signalisiert.

Das Ende der Welt ist eine Rückkehr zu den Elementen, nicht nur im Sinne einer Rückkehr zu ihren Grundbausteinen, sondern als eine Umkehrung der Ordnung der Dinge, und das Element, das die Vernichtung bewerkstelligt, ist oft dasjenige, aus dem die Schöpfung ursprünglich entstand. Als Urgrund der Schöpfung ist wohl das Wasser das am häufigsten vorkommende Element, und entsprechend gibt es mehr als fünfhundert überlieferte Mythen, die vom

Untergang der Welt durch eine Flut berichten (auch wenn es eine kleine Schar Auserwählter gibt, die überleben und das Leben in eine neue oder erneuerte Welt weitertragen). In Ägypten war es Nun, das Chaos des Wassers, das Atum zum Leben erweckte; Apsu und Tiamat, das Urpaar des *Enuma Elish,* wird mit frischem Wasser bzw. mit Salzwasser identifiziert. Für die Griechen zu Homers Zeiten war Okeanos, das Wasser, der „Ursprung aller Dinge", der die Welt umspannte und die Grenze zwischen dem Bekannten und Unbekannten bildete. Desgleichen werden die acht Nummo-Geister in der Kosmologie der Dogon „Wasser" genannt.

Wir haben bereits gesehen, wie die Erde oft als primäres Element betrachtet wurde: dasselbe wurde oft für Feuer und Luft geltend gemacht. Diese „Elemente" sind keineswegs elementar, denn es kommt nicht auf ihre chemischen Eigenschaften, sondern auf ihre metaphorische Komplexität an. Gaston Bachelard beschwört die vielseitige Bedeutung des Feuers mit den Worten:

> Von allen Phänomenen ist es das einzige, das sich klipp und klar auf zwei konträre Werte, auf Gut und Böse, anwenden läßt. Im Paradies leuchtet es; in der Hölle brennt es. Es ist gütig, und es foltert; es bedeutet Kochen und Apokalypse.... Es ist eine schützende und eine schreckliche Gottheit, gut und schlecht. Es kann sich selbst widersprechen: daher ist es eines der Prinzipien, die das Weltall erklären.

Die vieldeutigen Aspekte der Elemente führen sie in einen Zyklus der Wandlung, wo sie sich im Verlauf der Schöpfung eins ins andere verwandeln. Das einfachste Beispiel dafür ist die Beziehung zwischen den Elementen einer Dualität wie das chinesische Yin-Yang. Chou Tun-I schrieb: „Das Höchste Prinzip erzeugt durch Bewegung Yang. Erreicht diese Aktivität ihre Grenze, wird sie ruhig. Durch die Ruhe erzeugt das Höchste Prinzip Yin. Wenn die Ruhe ihre Grenze erreicht, beginnt wiederum die Aktivität." Dieser Kreislauf der Elemente ist die Grunddialektik zwischen Leben und Tod, zwischen dem freien und gebundenen Energiezustand. Dieselben Kräfte, die in einem Ding während seines Lebens wirksam sind, bestehen jenseits seines Todes mit ihren eigenen wiederkehrenden Rhythmen weiter. So heißt es bei Heraklit: „Es lebt das Feuer der Erde Tod und die Luft lebt des Feuers Tod, das Wasser lebt der Luft Tod, die Erde den des Wassers."

Die Schöpfung im Werden

In den meisten Schöpfungsberichten, in denen es um die Elemente geht, treten diese einfach auf, sie materialisieren sich von selbst. Doch Mythen, die den Beginn der Welt so unpersönlich wiedergeben, sind in der Minderzahl, die meisten drehen sich um die Schöpfungs*tat,* wenn nicht um den Urheber. Als Goethes Faust den Anfang des Johannesevangeliums übersetzen wollte, fand er schließlich die Wendung: „Im Anfang war die Tat." Doch ein Magier wie Faust muß gewußt haben, daß unter allen Schöpfungstaten eine die anderen überragt: das Wort.

Die Sprache steht an der Schwelle zwischen der Tat und einem „Gedanken", von dem wir nicht sprechen können. Die Sprache ist ein zerschlissener Mantel für die Welt, und doch hat es immer wieder Menschen gegeben, die

Im Sepher Jezirah sind Gottes Denken und Tun im Vorgang des Schreibens identifiziert: die verschiedenen Kombinationen des Alphabets haben schöpferische, nicht nur darstellende Kraft. „Doch wie geschah es? Er verband, wog und tauschte: das Aleph der Reihe nach mit allen anderen Buchstaben . . . und so die ganze Folge der Buchstaben hindurch. Daraus folgt, daß es zweihundertunddreißig Formationen gibt und daß jedes Geschöpf und jedes Wort einem Namen entstammen." Dieses Diagramm zeigt die Kombination der zweiundzwanzig Buchstaben ohne Vertauschung.

ihre Sprache als Spiegelung, ja, sogar als Wiedergabe einer anderen, tieferen Artikulation gesehen haben: die Welt als Schrift göttlicher Rede.

Weil sie der Struktur der Welt so einzigartig entspricht – diese Struktur sogar *schafft,* indem sie sie artikuliert –, hat die Sprache eine Kraft, die über ihren Zeichencharakter hinausgeht. Im Hebräischen kann dieselbe Wurzel DVR sowohl „Wort" als auch „Ding" heißen. Daher nimmt es nicht wunder, daß manche Kabbalisten der Überzeugung waren, das hebräische Alphabet sei Gottes Mittel der Erschaffung der Welt gewesen. Im Sepher Jezirah steht: „Zweiundzwanzig Buchstaben-Elemente: Er umschrieb sie, er schlug sie heraus, wog sie, verband sie miteinander und vertauschte sie und schuf durch sie die Seele der ganzen Schöpfung und alles andere, was jemals geschaffen werden sollte." Die Thora wurde für eine verderbte Fassung der Ur-Thora gehalten, aus der Gott die Welt gerufen hatte. Gershom Scholem berichtet, daß angeblich nicht einmal die Teile der Thora in der richtigen Reihenfolge überliefert sind, damit nicht ein jeder, der sie liest, eine Welt erschaffen, die Toten auferwecken und Wunder vollbringen könne.

Eine vergleichbare Einstellung zur sakralen Macht der Schrift findet sich im Islam. Ein Kommentator des *Korans* spricht von einer riesigen Tafel, auf der Allah alles verzeichnet hat, was bis zum Jüngsten Gericht geschehen wird: „Gott betrachtet diese Tafel jeden Tag dreihundertundsechzigmal. Jedesmal, wenn Er sie ansieht, gibt Er Leben und Tod, Er erhöht und erniedrigt, Er ehrt und demütigt, Er schafft, was er will, und beschließt, was ihm gut dünkt."

In anderen Berichten ist es die lebendige Kraft des Wortes, das die Schöpfungskraft entfesselt. Als Prajapati dem kosmischen Ei entschlüpfte, waren seine ersten Worte „Bhuh, Bhuvah, Svar", worauf Erde, Äther und Himmel entstanden. Im *Popul Vuh* erhalten die ersten echten Menschen ihr Leben allein durch die Kraft des Wortes: „. . . Sie wurden von keinem Weib geboren, sie wurden nicht vom Schöpfer gezeugt, weder vom Urheber noch von den Ahnen. Nur durch ein Wunder, allein durch die Anrufung wurden sie geschaffen und vom Schöpfer gemacht."

Auch die erste Erzählung der *Genesis* beschreibt die Stufen der Schöpfung als eine Reihe göttlicher „Es werde" *(fiat),* worin Gedanke und Kraft, Idee und Verwirklichung identisch und gleichzeitig sind. Die Ur-Identität von Wort und Tat zeigt sich im Navajo-Mythos dadurch, daß jede der Mutterschoß-Kammern „Rede/Tat" genannt wird. In anderen Mythen (und damit verbundenen Riten) bedarf es des Singens heiliger Sprüche, um die Dinge zum Leben zu erwecken. Im Mythos der Hopi erschafft die Spinnen-Frau zuerst die Ur-Zwillinge und dann alle Formen des Lebens, auch die Menschen, und belebt sie, indem sie sie zudeckt und über ihnen den Schöpfungsgesang singt. Die sakralen Lieder der Menschen auf Erden spiegeln diesen Urgesang. Verstummen sie, ist es Zeit, daß die Welt neuerlich vernichtet wird.

Singen, pflanzen, weben, modellieren, schnitzen usw. sind alles Taten, die etwas entstehen lassen oder den Boden dafür bereiten. Daher glaubten die Menschen, daß der erste Schöpfungsaugenblick eine solche Ur-Tat war, die ein vergrößertes, übermenschliches Wissen einschloß. Viele afrikanische Mythen nennen Gott den Bildhauer oder Baumeister des Universums, und die zweite Erzählung der *Genesis* berichtet, wie Jahwe-Elohim Adam (dessen Name „roter Lehm" bedeutet) „aus einem Erdenkloß" schuf.

Darin liegt wenigstens eine phänomenologische Wahrheit insofern, als die uns bekannte Welt nicht nur von den materiellen Techniken des Menschen, sondern auch von seinem Sprachgebrauch geprägt ist. So leitet sich das Wort „Poesie" von einer Wurzel her, die „machen" bedeutet. Die Struktur und Dynamik der Sprache spiegelt nicht nur die Tätigkeiten und Muster des Menschenlebens, sondern sie ist wie ein Filter. Die tiefe metaphorische Korrespondenz, die alles verbindet, findet sich in wunderbarer Komplexität in der Dogon-Kosmologie. Das Schöpfungswerk wird mit einer Reihe von „Worten" vollbracht. Das erste Wort bildete einen Vorgang, das Weben einer Decke für den Mutterschoß der Erde; das zweite betraf die eingerollte Fruchtbarkeit in diesem Schoß; und das dritte war in die Struktur verschiedener Arten von Trommeln eingebaut. Daher sind für die Dogon Weben, Ackerbau, Tanzen und Geschlechtsverkehr alles Formen der „Rede", die die Urworte der Schöpfung reproduzieren. Die ersten Menschen konnten, wie Neugeborene, nicht sprechen. Die Gabe der Worte war die Gabe der Artikulation, nicht nur wegen der Ausdruckskraft der Sprache, sondern weil die ersten „Worte" ihnen die acht Getreidekörner brachten und alles, was sie für ihren Anbau brauchten.

Der Begriff der „Rede" in seiner ganzen Fülle vermittelt ein Gefühl von Welt als ein immenses Gefüge von Artikulationen, die durch Analogie und Metapher ineinandergreifen. Die geschaffene Welt spricht zum Menschen, weil er hinter der Evidenz all ihrer Bestandteile eine Bedeutung suchen muß, die speziell für ihn gemeint ist. Die Worte, die er vernimmt, variieren je nach Kultur, doch diejenigen, die uns am nächsten sind, kommen aus unserer eigenen Überlieferung in den Schriften Hildegards von Bingen:

Ich, die höchste und feurigste Kraft, habe jedweden Funken von Leben entzündet, und nichts Tödliches sprühe ich aus. Ich entscheide über alle Wirklichkeit. Mit meinen höheren Flügeln umfliege ich den Erdkreis: mit Weisheit habe ich das All recht geordnet. Ich, das feurige Leben göttlicher Wesenheit, zünde hin über die Schönheiten der Fluren, ich leuchte in den Gewässern und brenne in Sonne, Mond und Sternen. Mit jedem Lufthauch, wie mit unsichtbarem Leben, das alles erhält, erwecke ich alles zum Leben. Die Luft lebt im Grünen und Blühen. Die Wasser fließen, als ob sie lebten. . . . Die Säulen, die das ganze Erdenrund tragen, habe ich aufgerichtet und ebenso die Windkräfte, die wiederum untergeordnete Flügel haben, sozusagen schwächere Winde, die durch ihre sanfte Kraft jenen mächtigen widerstehen, damit sie nicht gefährlich ausbrechen. . . .

Und so ruhe ich in aller Wirklichkeit verborgen als feurige Kraft. Alles brennt so durch mich, wie der Atem den Menschen unablässig bewegt, gleich der windbewegten Flamme im Feuer. Dies alles lebt in seiner Wesenheit, und kein Tod ist darin. Denn ich bin das Leben. Ich bin auch die Vernunft, die den Hauch des tönenden Wortes in sich trägt, durch das die ganze Schöpfung gemacht ist. Allem hauchte ich Leben ein, so daß nichts davon in seiner Art sterblich ist. Denn ich bin das Leben.

RIG VEDA X. 129

Nicht existierte Nichtseiendes, noch auch existierte Seiendes damals –
nicht existierte der Raum, noch auch der Himmel jenseits davon.
Was umschloß? Wo? Im Schutz wovor?
Existierte das Wasser? – ein tiefer Abgrund!

Nicht existierte der Tod, also auch nicht das Leben.
Nicht existierte das Kennzeichen der Nacht, des Tages.
Es atmete windlos, durch eigene Kraft da ein Einziges.
Nicht irgend etwas anderes hat jenseits von diesem existiert.

Finsternis war verborgen durch Finsternis im Anfang.
Kennzeichenlose Salzflut war dieses All.
Der Keim, der von Leere bedeckt war, wurde geboren
als Einziges durch die Macht einer Hitze.

Ein Begehren bildete sich da im Anfang,
das als Same des Denkens als erstes existierte.
Die Nabelschnur des Seienden im Nichtseienden fanden die Dichter,
in ihrem Herzen forschend, durch Nachdenken.

Quer aufgespannt war ein Seil [auf] ihrem [Wege]:
Existierte denn ein Unten? Existierte denn ein Oben?
Existierten Besamer? Existierten Schwangerschaften?
Waren Eigenkräfte später, Hingabe früher?

Wer weiß es gewiß, wer wird es hier verkünden,
woher geboren, woher diese Emanation ist?
Diesseits sind die Himmlischen von der Emanation dieser [Welt].
Also wer weiß, woher sie geworden ist?

Woher diese Emanation geworden ist,
ob sie getätigt worden ist oder ob nicht –
wenn ein Wächter dieser [Welt] ist im höchsten Himmel,
der weiß es wohl: oder ob er es nicht weiß?

Das Verhältnis zwischen Unendlichkeit und Endlichkeit, zwischen der uns bekannten Welt und dem, was unsichtbar für uns jenseits von ihr liegt, ist eines der Hauptprobleme, mit dem sich jeder Schöpfungsbericht befaßt. Die Motive des Mittelfeldes dieses Ushak-Teppichs sind von der Bordüre asymmetrisch und scheinbar willkürlich abgeschnitten, wodurch der Eindruck entsteht, als erstreckte das Muster sich über die Bordüre hinaus. Es ist fast mit Sicherheit anzunehmen, daß dies beabsichtigt ist, um den Gegensatz zwischen der Grenzenlosigkeit Allahs und der Begrenztheit (dem „Rahmen") menschlicher Wahrnehmung zu symbolisieren. (Ushak-Sternenteppich, Wolle, westl. Türkei, 18. Jh.)

Die übliche Vorstellung christlicher Tradition ist die einer *ex nihilo,* durch die absolute Macht von Gottes Wort erschaffenen Welt. Der Geist Gottes, symbolisiert durch eine Taube und freigesetzt durch das schöpferische „Es werde" *(fiat),* beschreibt einen Daseinsbereich aus der Finsternis des Nichtseins (rechts). Mit derselben Macht, mit der er die Welt schuf, kann Gott sie auch zerstören: die Wasser, aus denen die Welt am dritten Tag entstand, kann sie auch überfluten, wenn Gott seine Schöpfung gereut. In dem Bild von Hieronymus Bosch

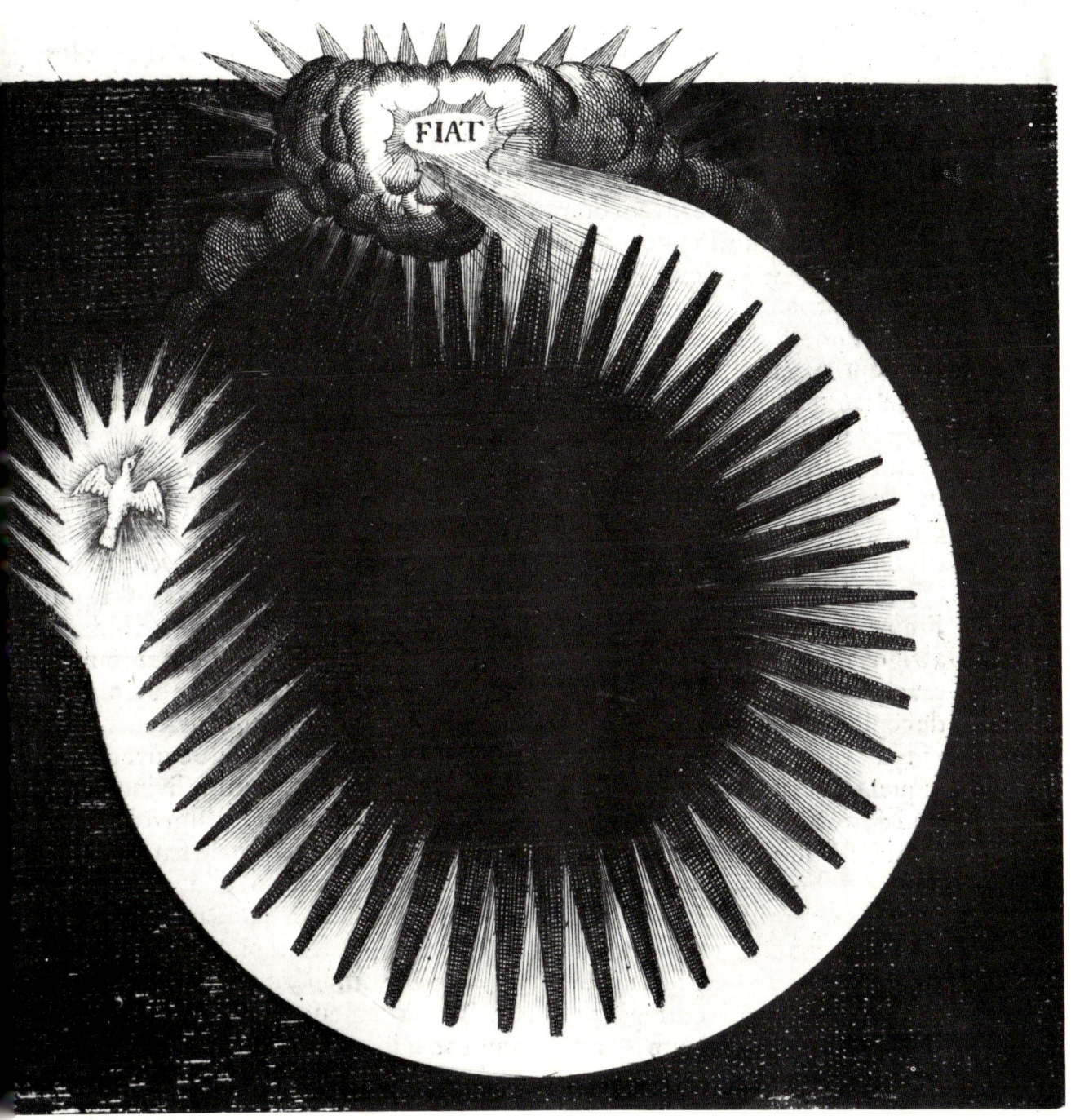

(oben) steht der Schöpfer außerhalb der Erdensphäre, mit der Inschrift: „Er sprach, und es war getan; er befahl, und sie wurden geschaffen". In absichtlicher Zweideutigkeit ist die Welt sowohl in ihrem ursprünglichen Zustand als auch nach ihrer Wiederherstellung nach der Sintflut abgebildet, und zwar in typologischer Verbindung. (Außenflügel des Triptychons „Der Garten der Lüste" von Hieronymus Bosch, Niederlande, 15. Jh.; Stich aus Robert Fludd, *Utriusque cosmi . . . historia*, Oppenheim, 1617–18)

Quod homo secreta di ū debet
plus scrutari. quā ipse uult manife

Quod filiī di natᵘ in
mundo morte sua diabolū supauit
ꝓ electoſ suos ad hereditatē suā re/

Verba olee de eade re. Sⷣdixit

Qⷣ corpᵘ filiī di in sepulchro
ꝓ tduiū iacens resurrexit. ꝓ homi

iū uia ueritatis de morte ad uitā
ostensa ē. Sⷣdū eoſ apparuit.

Qⷣ filiī di a morte resurgenſ. di
cipulis suiſ frequentᵃ ad corroboran/

Qⷣ filio di ascendente ad pa
trē. sponsa eᵘ diuersiſ ornamiũ fiun/
Sⷣ data ē.

Für den Christen ist diese Welt nicht nur eine zur Erde abgestiegene Schöpfung, sondern aufgrund des ersten Ungehorsams eine *gefallene* Schöpfung. Sie bedingt eine Eschatologie, in der letztendlich alles Erlösung findet. In der Mitte dieser frühmittelalterlichen Miniatur die sechs Tage der Schöpfung, zwischen ihnen ein silberner „Finger", der aus einer den blauen Kreis des Heiligen Geistes umschließenden goldenen Scheibe stammt. Rechts davon Adam, der wegen seiner Weigerung, die weiße Blüte des Gehorsams zu

riechen, in die Finsternis stürzt. Unten erscheint das aufgehende Licht der gebenedeiten Jungfrau Maria, dem Christus entsteigt und Flammen gegen die satanische Finsternis schleudert, um den alten Adam zu retten. (Die sechs Tage der Schöpfung, aus der HS *Scivias* der Hildegard von Bingen, ca. 1150)

Um übernatürliche Kräfte zu erwerben, muß der Schamane zur Quelle der Schöpfung zurückkehren. Sie ist hier symbolisch durch den göttlichen Bergkristall dargestellt, den

man auf einem Spiralenweg erreicht. Hier befinden sich die Berge der vier Weltgegenden (rechts unten am Weg) und der Vorhang der Sonnenstrahlen (Wellenlinien darüber), den er passieren muß. Wie beim Alchemisten ist der Aufstieg (oder Abstieg) des Schamanen eine *wirkliche imaginäre* Reise jenseits aller Unterscheidung zwischen innen und außen. (Die Suche des Schamanen, Malerei aus Wollgarn und Bienenwachs des Huichol-Schamanen Ramón Medina, Mexiko, 20. Jh.)

„Im Anfang schuf Elohim Himmel und Erde." In der mystischen Überlieferung des Christentums wird der erste der beiden *Genesis*-Berichte als Manifestation des „‚numinosen‘ oder spirituellen Universums des Wahren Seins durch seine ewigen, archetypischen Ideen" interpretiert. Erst in der zweiten Fassung („Garten Eden") wird diese primäre Manifestation in Bewegung und Gestalt im sinnlich wahrnehmbaren Universum übersetzt.

Für den Dichter William Blake jedoch ist die von der Vernunft konzipierte Welt unnötig eingeschränkt im Vergleich zur Welt der imaginativen Wahrnehmung und ist daher das Werk von „Urizen" (abgeleitet von dem griechischen Wort für „binden"). Sein Bild des Schöpfers ist dem frühmittelalterlichen zwar auffallend ähnlich, doch entgegengesetzt in seiner Bedeutung: Urizen ist eine Karikatur Gottes, ein beinah gnostischer Demiurg. Daher: „Der Irrtum, oder die Schöpfung werden verbrannt werden, & dann, & erst dann, werden Wahrheit oder Ewigkeit erscheinen." (Gott als Architekt des Universums, Miniatur aus der HS der *Bible moralisée,* französisch, 13. Jh.; Der Alte der Tage, Aquarell von William Blake, England, 1794)

Die anfängliche Schöpfungsgebärde kann als Zeichen oder „Spur" einer Ur-Trennung vorgestellt werden, die aus den Tiefen des Chaos eine „Gestalt" setzt. Eine Reihe von Bildern des amerikanischen Malers Barnett Newman bezieht sich schon mit ihren Titeln ausdrücklich auf diesen ersten Schöpfungsaugenblick. Ihr archetypisches Format deutet eine Entsprechung zwischen der Erschaffung des Menschen und dessen eigenem schöpferischen Prozeß an. Die satte Farbe dieses Beispiels läßt sich zu dem hebräischen Wort *adamah* in Verbindung setzen, das „roter Lehm" bedeutet – aus dem der erste Mensch geschaffen wurde. (Adam, Gemälde von Barnett Newman, USA, 1951–52)

Die Erde ist der Leib der Schöpfung; Das Wort „Materie" hat dieselbe Wurzel wie „Mutter" (arisch *ma:* messen, bauen). Mutter Erde bringt durch ihre Fruchtbarkeit eine endlose Vielfalt an Formen hervor und nimmt deren verbrauchten Körper wieder zurück: „Energie" zirkuliert unaufhörlich durch die Materie und wandert von einer Gestalt, einem Zustand in den anderen. Dubuffets Bild zeigt die Erde als eine Gerinnung von Formen, halb embryo-, halb fossilartig – eine Art biologischer Kompost. (Natura Genetrix, Gemälde von Jean Dubuffet, französisch, 1952)

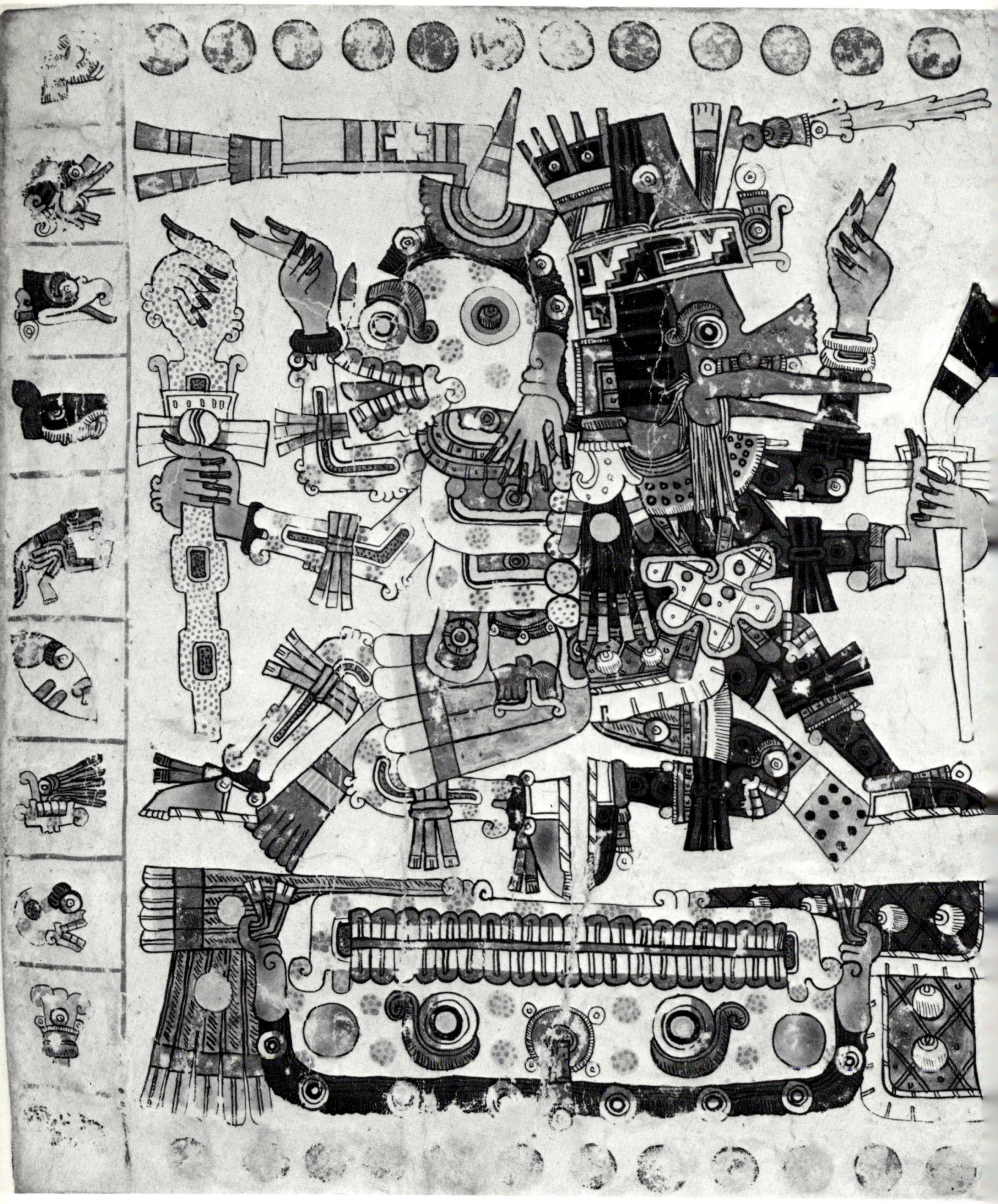

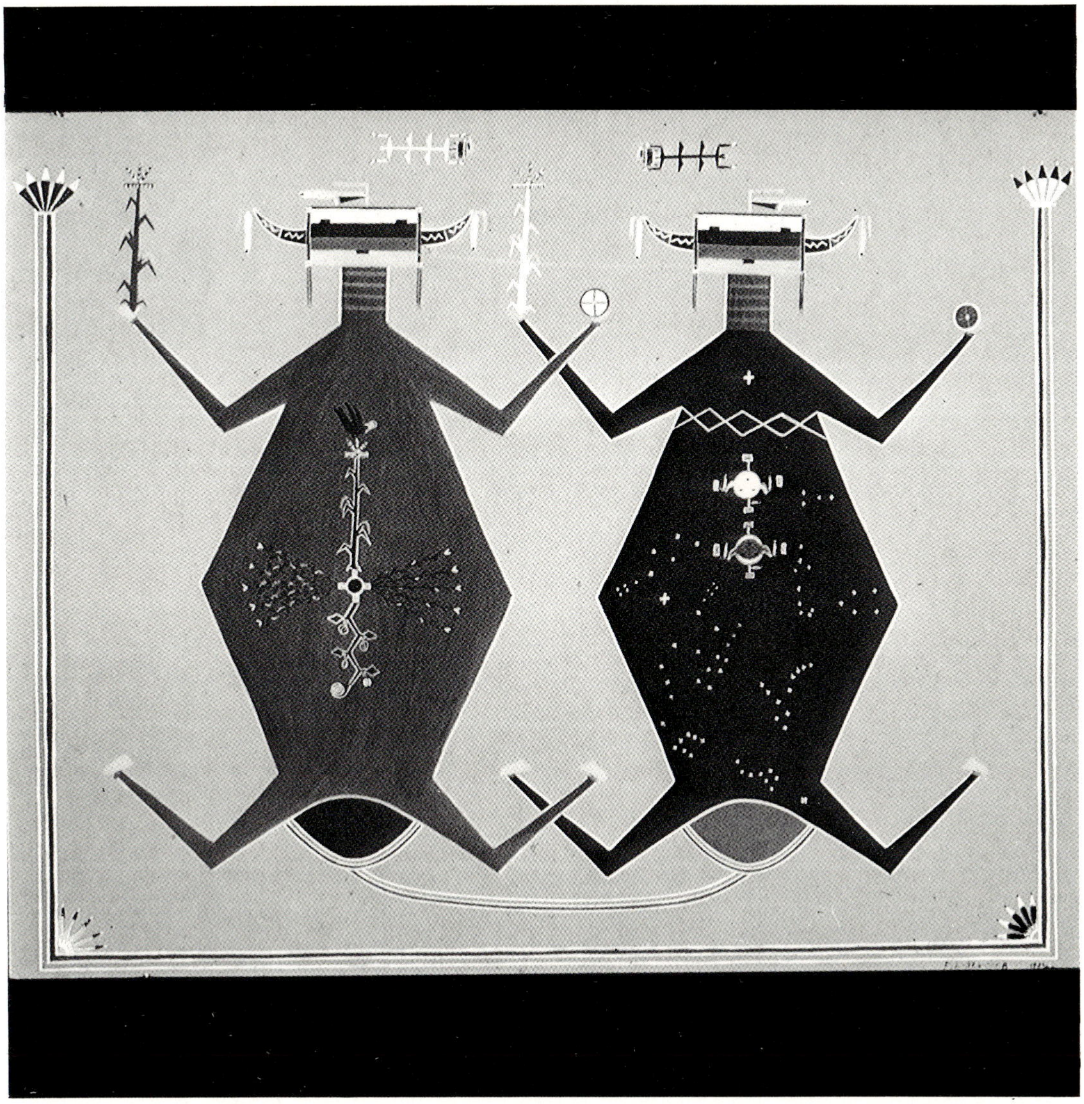

Die Schöpfung ist ein In-Umlauf-Setzen von Energien: ihrem Überfluß entspricht die Subtraktion. Leben und Tod sind nicht separate Kräfte, sondern verschiedene Aspekte desselben Vorgangs. Quetzalcóatl (hier als Windgott und Lebensspender) und Mictlantecuhtli (der skeletthafte Totengott) sind gemeinsam Herr über die Lebensspanne des Menschen (dargestellt durch die 20-Tage-Zeichen zu beiden Seiten). (Blatt aus der HS des *Codex Borgia*, Mexiko, etwa 15. Jh.)

Der gegengeschlechtlichen Paarung – Vater und Mutter –, der Voraussetzung für die Erschaffung menschlichen Lebens, entspricht die Vereinigung von Gegensätzen auf kosmischer Ebene – z. B. von Himmel und Erde. In dieser Navajo-Sandmalerei trägt Vater Himmel die Zeichen für Sonne, Mond und Milchstraße, Mutter Erde für die vier heiligen Pflanzen, die einem See reinen Wassers entwachsen. Die roten Balken am Hals beider markieren das Lebensprinzip. (Sandmalerei des Navajo-Heilgesanges, USA, 20. Jh.)

Die kosmische Vision der heiligen Hildegard von Bingen ist gleichsam ein christliches Mandala (nur in umgekehrter Reihenfolge; vgl. Abb. rechts). Im inneren Kreis der Erdkugel befinden sich die vier Elemente (blau/Wasser, gold/Feuer, grün/Luft, schwarz/Erde). Sie sind umgeben von den himmlischen Gewässern mit dem Westwind; um sie herum der Äther und die Sterne, regiert vom Mond (mit Merkur und Venus darüber), mit dem Ostwind unten. Dies ist umgeben von feuriger Finsternis mit Hagel und Blitz, links davon der Nordwind. Dies wiederum ist umgeben von einer Region reiner Flammen, welche die Sonne enthält (mit Mars, Jupiter und Saturn darüber) und den Südwind rechts. (Das Universum, Miniatur aus der HS Scivias der Hildegard von Bingen, um 1150)

Das Mandala ist ein sakrales Diagramm, das die Struktur des Universums darstellt. Das Sanskrit-Wort bedeutet „Kreis/Mittelpunkt". Jedesmal, wenn man über dem Mandala meditiert, konstituiert sich das Muster neu, wodurch eine ursprüngliche Gottheit im Zentrum (in diesem Fall Vairocana, „Der Erleuchter") in sukzessiven Emanationen die ganze Komplexität der Weltordnung erschafft. (Mandala von Kunrig, buddhistisches *Tanka* auf Stoff, Tibet, etwa 15. Jh.)

Die Weltordnung ist oft eine Hierarchie von Seinsebenen oder „Welten", von der Schöpfung (oder der „Hölle" darunter) bis möglichst nahe an den Ursprung der Schöpfung, wo es keine Unterscheidung zwischen Manifestierung und Ursprung mehr gibt. Der mittlere Kreis hier besteht aus 20 „Welten" (angedeutet durch die Titel im Viereck) innerhalb eines heiligen Lotos, in dem die vier Windrichtungen eingezeichnet sind und der auf einem Ozean schwimmt. Dem Lotos entspringt eine Stufenordnung von 20 weiteren „Welten", deren oberste die der Seligkeit und Klarheit ist. (Eine Karte der majestätischen Welten des Blumen-Speichers, Abreibung von einer buddhistischen Bildsäule, China).

Die Weltordnung der Schöpfung und die Vorgänge menschlichen Ordnens (binden, bezeichnen, bauen, weben usw.) verlaufen parallel: das Abstrakte ist nicht vom Konkreten abgeleitet, noch das Physische vom Metaphysischen. Doch ihre Beziehung ist notgedrungen metaphorisch, da alle – selbst die sie umfassende Kosmologie – in dem größeren Multiversum des menschlichen Seins-in-der-Welt inkorporiert sind, dessen sämtliche Teile sich ständig aufeinander beziehen. Ihre Spuren und Grenzen (zeitliche, territoriale, soziale . . .) sind oft derart miteinander verwoben, daß es irreführend wäre, ihre wechselseitige Verbindung im Sinne einer „Symbolik" auseinanderzureißen. Diese japanische Plattform auf einer Säule (die nur zusammengebunden ist) wurde für das Kleine Neujahrsfest errichtet. In einem Feuer-Kampf zwischen Männern zweier Generationen – die älteren auf der Plattform, die jüngeren auf dem Boden – wird sie später zerstört. (*Do-so-jin,* Foto von Günter Nitschke, Nozawa Onsen, Japan, 1975; s. S. 70–71)

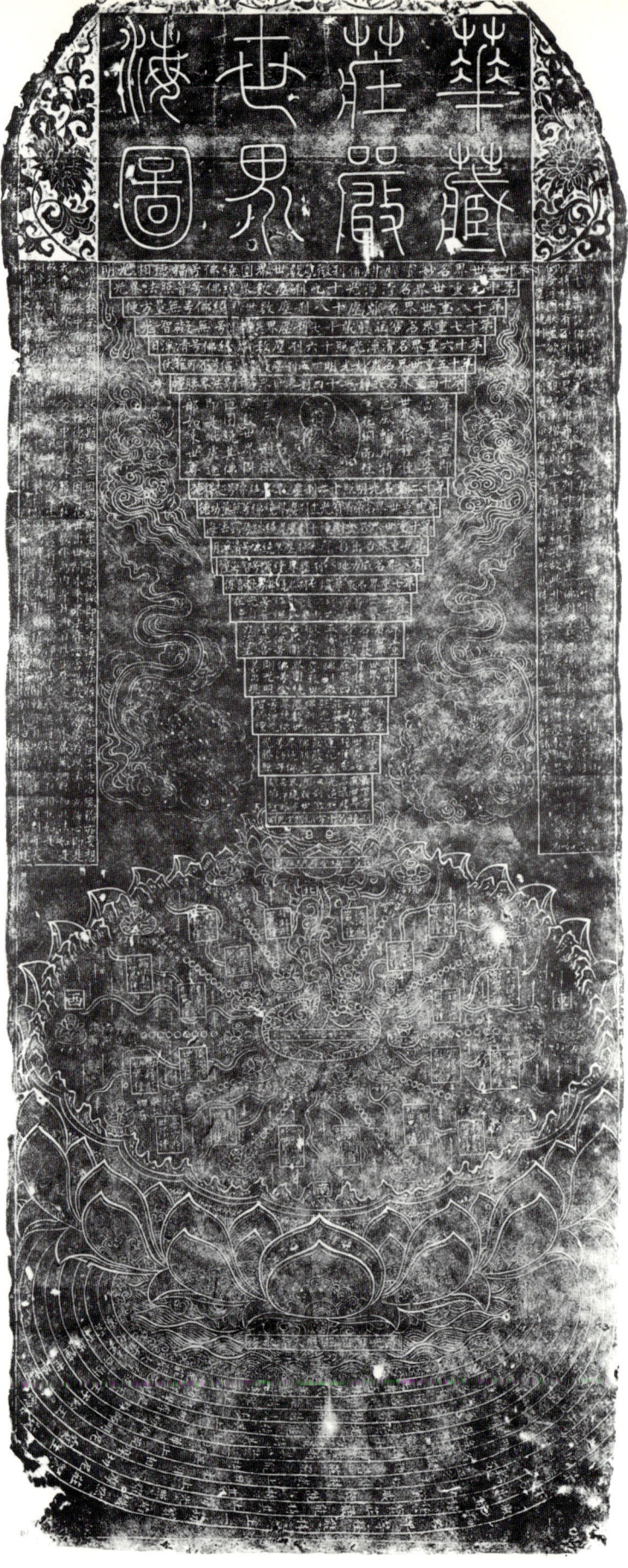

In der Hindu-Kosmogonie ist das Höchste Wesen sowohl der Ursprung aller möglichen Schöpfungen als auch das Bindeglied zwischen der Folge von Welten innerhalb jeder einzelnen Schöpfung: „An jedem Haar seines Leibes hängt eine Welt, und jede Welt ist der Auflö-

sung und Erneuerung in bestimmter Zahl unterworfen."

Innerhalb dieser kosmischen Verkettung hat jede Welt ihre eigene Ordnung. Diese Welt (oberste Schicht) wird von acht Elefanten und acht Schlangen getragen, aber „da die Elefanten ihr Gewicht nicht tragen können, ruht sie auf dem Haupt einer tausendköpfigen Schlange, die von Vishnu selbst getragen wird". Im Mittelpunkt der Welt sitzt Drughaswamy auf dem Schwanz eines Krokodils; in seiner Gewalt sind Sonne und Mond. Brahma (Vishnus Stellvertreter) thront zur Linken und „gibt Weisung zur Erschaffung des Menschen, der Tiere und Pflanzen". (Blatt 1 und 6 einer englischen Transkription, um 1800, mit Kommentar, von Wandgemälden des Pier-Maal-Tempels, Madurai, Indien)

Die Folge der Schöpfung bildet eine heilige Ordnung, eine *Hierarchie:* in vielen Kulturen (auch der australischen Eingeborenen) ist ihre Rezitation durch die Kraft der Analogie mehr als nur ein symbolischer Nachvollzug. Hier hat der Künstler, Mawallan, sich in der rechten oberen Ecke selbst abgebildet, Gesänge aus dem kosmogonischen Djanggawul-Zyklus rezitierend. Unter ihm gebären die Djanggawul-Schwestern die ersten Eingeborenen (dieselbe Szene wiederholt sich in abstrakterer Form ganz unten). Unter ihnen befinden sich die *rangga,* die „heiligen Pfähle", die zur Erschaffung der ersten Bäume dienten; und rechts von ihnen sind die vollen Djanggawul — zwei Schwestern und ein Bruder —, gefolgt von Symbolen der aufgehenden und untergehenden Sonne, mit denen sie manchmal identifiziert werden.

Auch in der *Genesis* sind die Schöpfungstage Symbole der von Gott eingesetzten Ordnung. In dieser Tapisserie ist Gott in der Mitte und spricht die Schöpfungsworte *Fiat lux*, „Es werde Licht". In der Hemisphäre über ihm sind (von links) dargestellt: die Erde, die Finsternis über dem Abgrund, der Geist Gottes über den Wassern, und die Trennung der Gewässer über dem Firmament (mit Sonne, Mond und Sternen) von den unteren Gewässern. In der Hemisphäre darunter befinden sich die Geschöpfe der Luft, des Landes und des Wassers, flankiert von zwei Darstellungen Adams: rechts bei der Namengebung der Tiere, links bei der Geburt Evas aus seiner Seite. In den vier Ecken des umfassenden Vierecks sind die vier Winde abgebildet, um das Ganze herum ist der (unvollständige) Rahmen der Monate und Jahreszeiten zu sehen. (Tapisserie aus Gerona, Spanien, 12. Jh.)

יוהי שמי יוצא הארץ על חיה בריא ואדם ◦◦◦ ◦◦◦◦◦

Die sieben „Tage" der Schöpfung sind auch als progressiver Abstieg von der potentiellen oder idealen Welt „herab auf die Erde" zu sehen. In diesen seltenen Illustrationen zur jüdischen *Haggadah* läuft die Erzählung von rechts nach links. Die göttliche Emanation ist durch einen ab- wärts zeigenden Strahlenfächer dar- gestellt, am vierten Tag umgekehrt.

Rechte Seite: rechts oben: die un- gestaltete Welt mit dem Geist Gottes über den Wassern der Tiefe. Links oben: der erste Tag, Trennung von Licht und Finsternis. Rechts unten: der zweite Tag, das Firmament

scheidet die oberen von den unteren Gewässern. Links unten: der dritte Tag, die Erschaffung der Pflanzenwelt.

Linke Seite: rechts oben: der vierte Tag, die Erschaffung der Lichter im Firmament. Links oben: der fünfte Tag, die Erschaffung der Geschöpfe des Meeres und der Luft. Rechts unten: der sechste Tag, die Erschaffung der Tiere und des Menschen. Links unten: eine Personifikation des Sabbaths, in sitzender Kontemplation. (Die ersten zwei Blätter der *Sarajevo Haggadah,* vermutlich aus Nordspanien, 12. Jh.)

In manchen Kosmologien wird die Schöpfung mit ihrem Urheber so stark identifiziert, daß die Welt als Leib Gottes dargestellt wird. Als Arjuna in der *Bhagavad Gita* Krishna bittet, sich in seiner kosmischen Gestalt zu offenbaren, ist die Vision schrecklich. Doch die Verwendung dieses Bildes des allumfassenden Gottes als tantrische Ikone zeigt, daß die Gläubigen, in Umkehrung des Bildes, das Universum im eigenen Selbst erblickten. (Vishnu-Krishna, seine kosmische Gestalt offenbarend, Malerei, Jaipur, Indien, um 1810)

In dieser außergewöhnlichen mittelalterlichen Zeichnung stellt die größte Figur die Kirche als den mystischen Leib Christi in einer komplexen Ikonographie dar (in der z. B. die vier Evangelisten den vier Windrichtungen zugeordnet werden). Der Leib Christi enthält auch, wie in vielen mittelalterlichen Landkarten, die Geographie der Welt (mit Asien oben, im Osten). (Zeichnung von Opinicus de Canistris, um 1340)

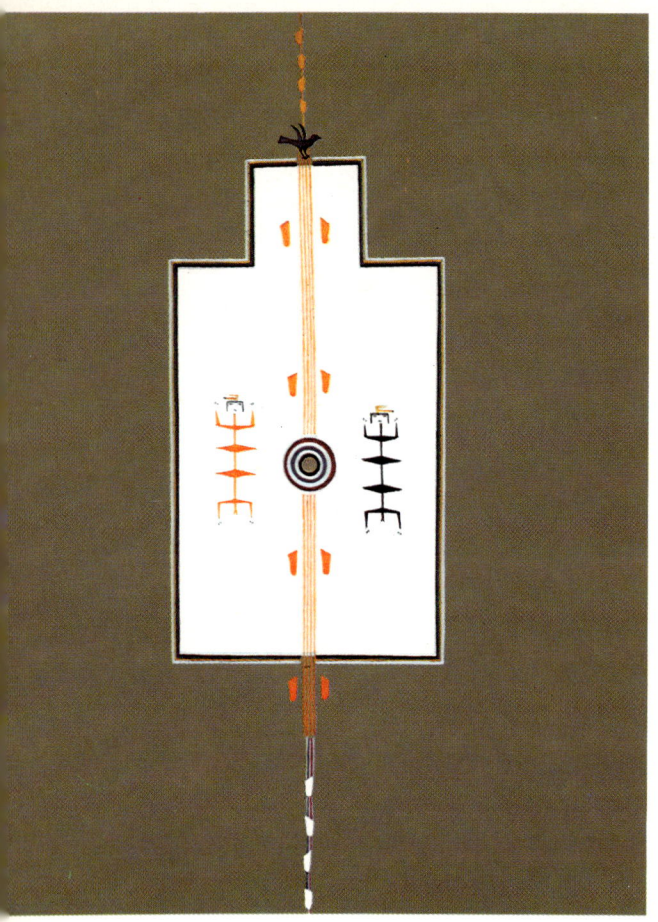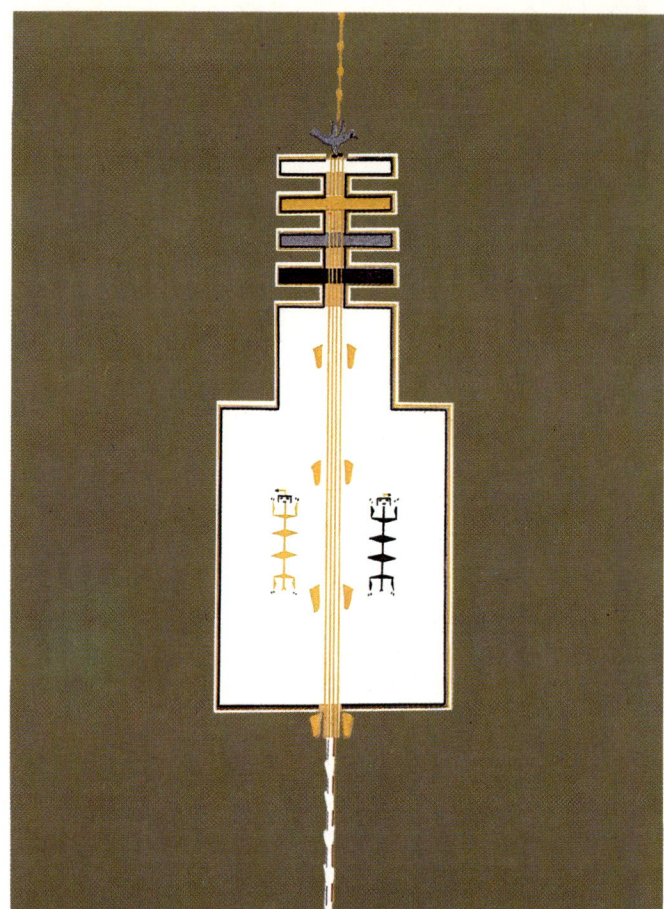

In manchen Schöpfungsmythen ist das Sein-in-der-Welt des Menschen keineswegs ein Abstieg, sondern die letzte Stufe eines allmählichen Aufstiegs: für die Navajo ist diese Welt die vierte (hier: die weiße) Welt. Diese Folge von vier Sandmalereien werden rituell „gezeichnet" als Begleitung zum Vortrag von Abschnitten aus dem Entstehungs-Mythos. Sie sind weniger eine Illustration als ein *Nachvollzug* der Stadien der Schöpfung, wie der Prozeß ihrer Herstellung zeigt: die Zutaten (Maismehl, Blütenstaub und zerriebene Pflanzen oder Blüten) zählen selbst zu den heiligen Substanzen des Mythos. Und das Anhäufen von vier Farbschichten (Schwarz, Blau, Gelb und Weiß) im Zentrum der ersten Malerei ist eine Nachbildung des Aufstiegs durch vier Welten.

In der ersten Sandmalerei ist die längliche Form mit diesen Farben der Weltenfolge umrandet: der Kreis in der Mitte ist der Ort der Entstehung. Zu beiden Seiten befinden sich die Fliegen-Boten und darüber der Blaue Vogel des Glücks. Der Regenbogen-Pfad mit Fußspuren vom Osten her wird auf dem Weg zum Mittelpunkt ein heiliger Pfad gelber Blütenpollen.

In der zweiten Sandmalerei sitzt der Blaue Vogel auf vier Balken, die für die vier Welten stehen.

In der dritten Sandmalerei verlaufen das maskuline Zickzack eines

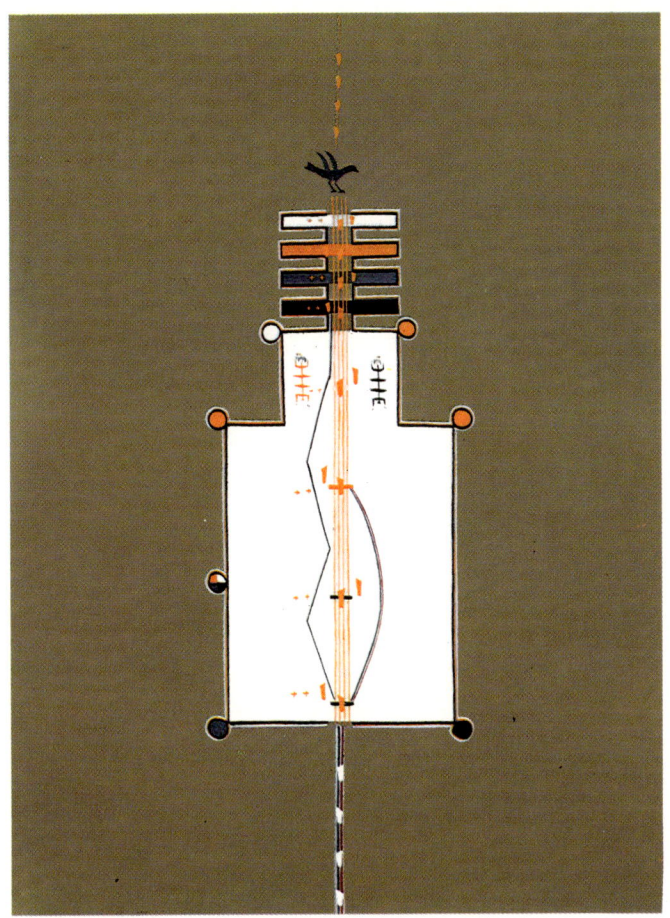
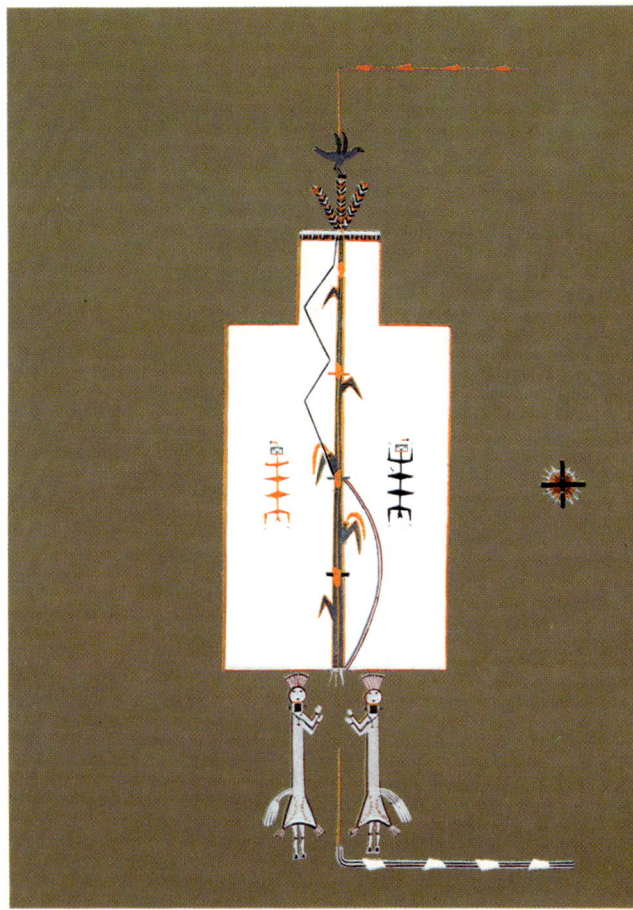

Blitzes und ein weiblicher Regenbogen parallel zur Mittelachse. Die sieben Kreise an den Rändern der Fläche sind die heiligen Berge, die die Erde befestigen.

In der vierten und letzten Sandmalerei ist die Mittelachse zu einer heiligen Maispflanze geworden, entlang welcher der männliche und weibliche Pfad, einander ergänzend, verlaufen. Treppen führen in die Fläche zwischen zwei Figuren, (Ethkaynah-ashi, durch die der Schöpfer seine Substanz in die Welt hineinbläst), steigen den Lebensbaum empor und wenden sich dann nach Norden. (Navajo-Sandmalerei, USA, frühes 20. Jh.)

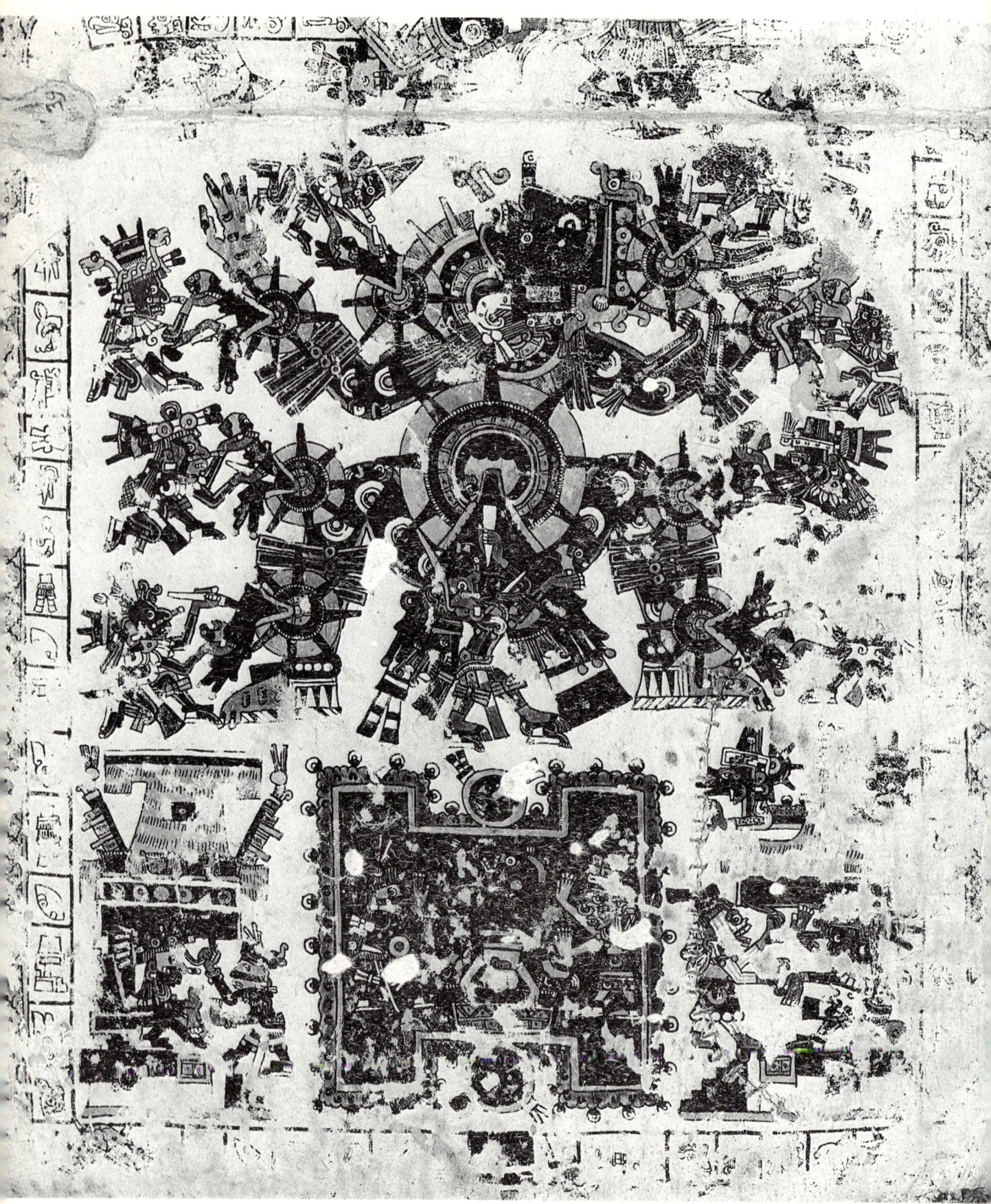

58

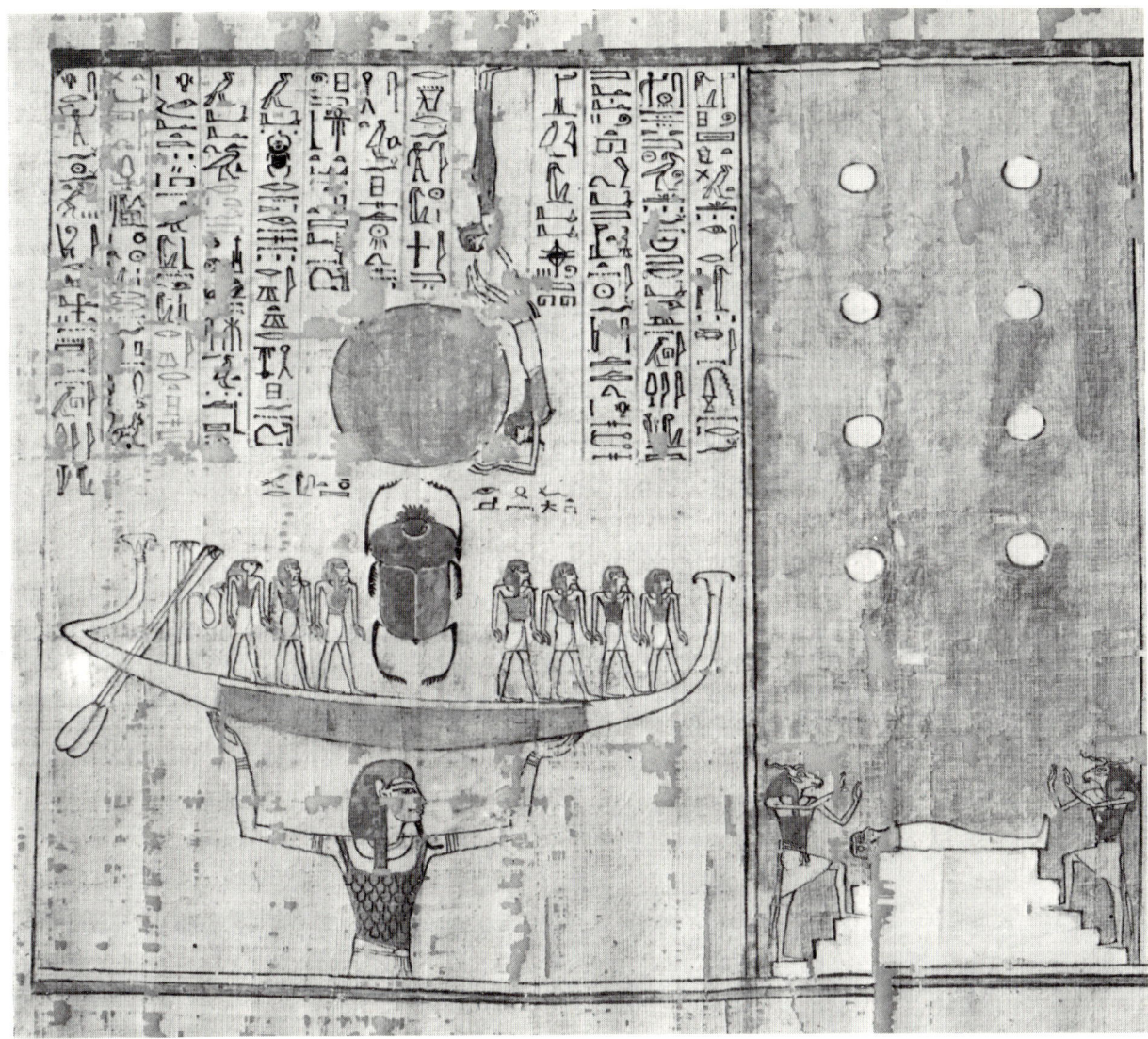

Manchmal wird der Übergang von Energie in Materie und vom Leben zurück in das „Nichts" als ein Zustand des Leidens gesehen, ein ständiges Opfer in der Geburt und im Tod. Der Dichter Antonin Artaud schreibt über sein „Theater der Grausamkeit": „Ich gebrauche das Wort Grausamkeit im Sinne von Lebensgier, von kosmischer Inflexibilität und unbeugsamer Notwendigkeit, im gnostischen Sinn eines Sturmwinds des Lebens, der Schatten verschlingt, im Sinne dieses Leidens ohne die unausweichliche Notwendigkeit, in der das Leben sich nicht artikulieren könnte . . . Der verborgene Gott gehorcht der grausamen Notwendigkeit der Schöpfung, die selbst ihm auferlegt ist . . ." (Brief 1932). Bei ihren Opferzeremonien glaubten die Azteken, daß der Gott in den Körper des Opfers einging und sich daher selbst opferte. (Tonatiuh opfert Quetzalcóatl Blut, Blatt des *Codex Borgia,* Mexiko, etwa 15. Jh.)

So sind Auf- und Abstieg für die Bewegung der Schöpfung gleichermaßen wesentlich. Für die alten Ägypter fand der Sonnenaufgang (von dem die Welt abhing) aus der Finsternis der Urgewässer nicht nur jeden Morgen statt, sondern er wurde auch auf der Reise der Seele durch die Unterwelt nach dem Tod vollzogen. Die Sonnenbarke mit ihren sieben Gottheiten wird von Nun (Chaos des Wassers) emporgehoben. Khepri, der Skarabäus, hält die Scheibe, die für die (Unter)Welt steht. (Papyrus Anhai, Ägypten, 12. Jh. v. Chr.)

Um die Schöpfung zu vollenden, muß der Schöpfer manchmal in das Totenreich hinabsteigen, sich selbst opfern und (vielleicht) wiedergeboren werden. Diese zwei Blätter aus dem *Codex Borgia* handeln offenbar von Abstieg, Opfer und Auferstehung Quetzalcóatls in den diversen Formen seines Venus-Aspekts: als Abendstern, verschwundene Venus und Morgenstern.

Oberes Blatt (linke Buchseite):

Aus dem Bauch der Erdmutter steigt Tlazolteótl in ein kreisförmiges „Sonnenfeld" herab, das von zwei Götterprozessionen auf blauen Pfaden bewegt wird. Darin bringt Quetzalcóatl in seiner schwarzen Form Blut

aus seinem Penis dar und wird geopfert (das Verschwinden der Venus).

Unteres Blatt: Xólotl (Venus als Abendstern) wird geprügelt und sein Herz geopfert: Tezcatlipoca empfängt das Blut. Der Leichnam wird in das Reich der Finsternis und Zerstörung geworfen (links) und wird zum Spielball im Sternenhof (rechts). Xólotl kocht in einem Opferkessel (links unten); aus seinem Herzen entspringen die Xólotls der vier Windrichtungen (Mitte); und in verzerrter Form wird er aus einer Muschel wiedergeboren. (Zwei gegenüberstehende Blätter aus der HS *Codex Borgia,* Mexiko, etwa 15. Jh.)

Für das Individuum, wenn nicht sogar für das ganze Universum, ist Zeit endlich: sie hat einen Anfang und ein Ende, im Tod. Die Beziehung zwischen beiden wird in diesem Blatt aus einem mixtekischen Buch der Magie anschaulich. 16 oder 20 Tage-Zeichen sind um einen Totenschädel angeordnet, der in einer Blutlache sitzt. Sie sind in Vierergruppen toten Göttern zugeordnet, von denen drei als Götter der Jagd, der Fruchtbarkeit und des Tanzes identifiziert werden können. Die anderen 4 Tages-Zeichen befinden sich in den Ecken des Vierecks, und über jedem die Figur eines Krieger-Opfers (vielleicht eines Gefangenen). (Blatt aus der HS *Codex Borgia*, Mexiko, etwa 15. Jh.)

Die Elemente, materielle Basis der Schöpfung, werden manchmal als eine Fessel gesehen, die den Geist an diese Welt bindet. In William Blakes visionärer Kosmologie werden der Schöpfung die „Gesetze" vom Willen Urizens aufgezwungen, und daher vollzieht sich die Manifestation der Elemente sich unter Druck:

. . . Erst erschien Thiriel,
verwundert ob seines Daseins,
wie ein aus Wolken geborener, und
* Utha,*
aus den Wassern steigend, klagt;
Grodna zerriß die tiefe Erde, heulend
in Verwirrung; seine Himmel ungeheure
* Klüfte*
wie die vor Hitze rissige Erde, dann flamm
* te Fuzon,*
der Erstgezeugte, Letztgeborene.
(Das Buch Urizen)

(Die Vier Elemente, Illustration von William Blake, England, 1794)

Die Eingangsworte des Johannesevangeliums: *In principio erat ver-
bum,* „Im Anfang war das Wort". *In
principio* bezieht sich nicht nur auf
den zeitlichen Beginn, so wie *ver-
bum* (oder Logos) kaum ein Wort ist,
sondern auf ein Prinzip jenseits und
hinter der sichtbaren Schöpfung hin-
weist. Dieses vierte Evangelium steht
dem Geist des neuplatonischen My-
stikers Philon nahe, der schrieb: „Im
Anfang schuf Gott Himmel und Erde, doch ‚Anfang' ist nicht, wie
manche meinen, zeitlich zu verstehen. Denn es gab keine Zeit vor der
Erschaffung der Welt." Dies bezieht
sich, wie in der ersten Tafel auf
S. 33, auf die entscheidende Beziehung zwischen einer unendlichen
„Schöpfung" und ihrem endlichen
Gegenstück. (Blatt aus dem *Book of
Kells,* Irland, 18. Jh.)

Oben

PORTRÄT DER IMMANENZ DES ABSOLUTEN

Gebrauchsanweisung: Richte das Auge des Glaubens mit Liebe, jedoch
Festigkeit, auf die Mitte der Seite, blinzele mit dem anderen und blicke starr
hin, bis du Es siehst.

Frontispiz von *Mind,* Weihnachten 1901.

Die Metaphern der Wissenschaft

Wissenschaftliche Erklärungen der Entstehung des Lebens scheinen immer von sachlichem Vorgehen geprägt zu sein: In der Theorie gibt es zwischen dem Menschen als Subjekt und der Welt als Objekt keinen Durchlaß außer dem sorgfältig kontrollierten Prozeß der experimentellen Beobachtung. In den Augen vieler steht daher die Wissenschaft in völligem Widerspruch zur „primitiven" oder „archaischen" Welt des Mythos und der Magie, in der ein solcher Durchlaß (z. B. in der Form des Totemismus) die Regel ist. Mythen – vor allem Schöpfungsmythen – erinnern an diese komplexe Verbindung von Mensch und Natur. Die hermetische Überlieferung der Entsprechungen, das westliche Äquivalent eines solchen mythischen Systems, wurde im 17. Jahrhundert ins Okkulte abgedrängt durch den

Aufstieg einer neuen Wissenschaft, die im Gegensatz dazu von der Andersartigkeit des Menschen und der Natur ausging. Doch der Wissenschaftler ist weniger in einen Kampf gegen die Natur als einen Kampf gegen sich selbst verstrickt, der nie ganz erfolgreich sein kann. Unsere Welt ist notgedrungen metaphorisch in ihrer Struktur: angefangen von der einfachsten Wahrnehmung ist unser Weltbild so beschaffen, daß alle Bilder und Muster darin sich mehr oder weniger überschneiden und einander entsprechen. Ob ein *rein* wissenschaftlicher Schöpfungsbericht möglich ist oder nicht, Tatsache ist, daß eine metaphorische Dimension in dem Augenblick zutage tritt, in dem die Wissenschaft das Gebiet der Mathematik verläßt und zu Modellen und Analogien Zuflucht nimmt,

um sich verständlich zu machen. Bezeichnenderweise ist den Wissenschaftlern der volle metaphorische Gehalt ihrer Hilfsmittel gar nicht bewußt (z. B. die Behandlung der Biologie in Begriffen der Architektur).

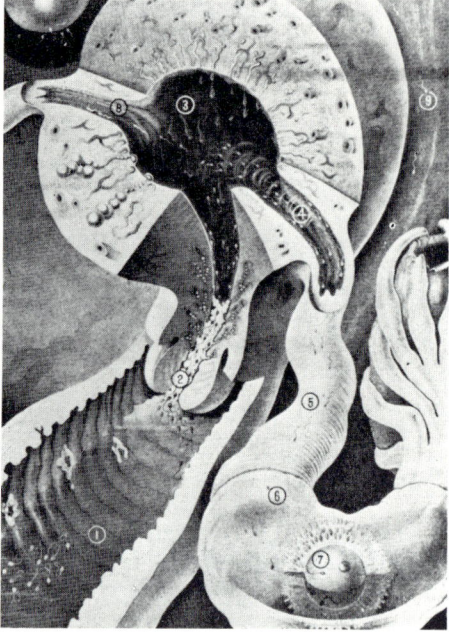

Dieses Diagramm der Befruchtung eines Eis durch ein Spermium ist eine erklärende *Übersetzung* des tatsächlichen, unsichtbaren und mystischen Ereignisses (die Genese eines neuen Menschen) in einen in solcher Schärfe unmöglichen, funktionellen Stil biologischer „Architektur". (Kahn, *Das Geheimnis des Lebens*, London 1948)

Redons Serie von Lithographien ist z. T. ein boshafter Kommentar zu Darwins *Die Entstehung der Arten*. In der Verschmelzung des „Auges", seiner Lieblingsmetapher, mit einer Blume scheint Redon anzudeuten, daß die niederen Formen der Schöpfung nicht so seelenlos sind, wie wir gemeinhin annehmen. (Vielleicht war die Blume der Versuch einer ersten Vision, Nr. 2 von *Les Origines*, Lithographie von Odilon Redon, Frankreich, 1883)

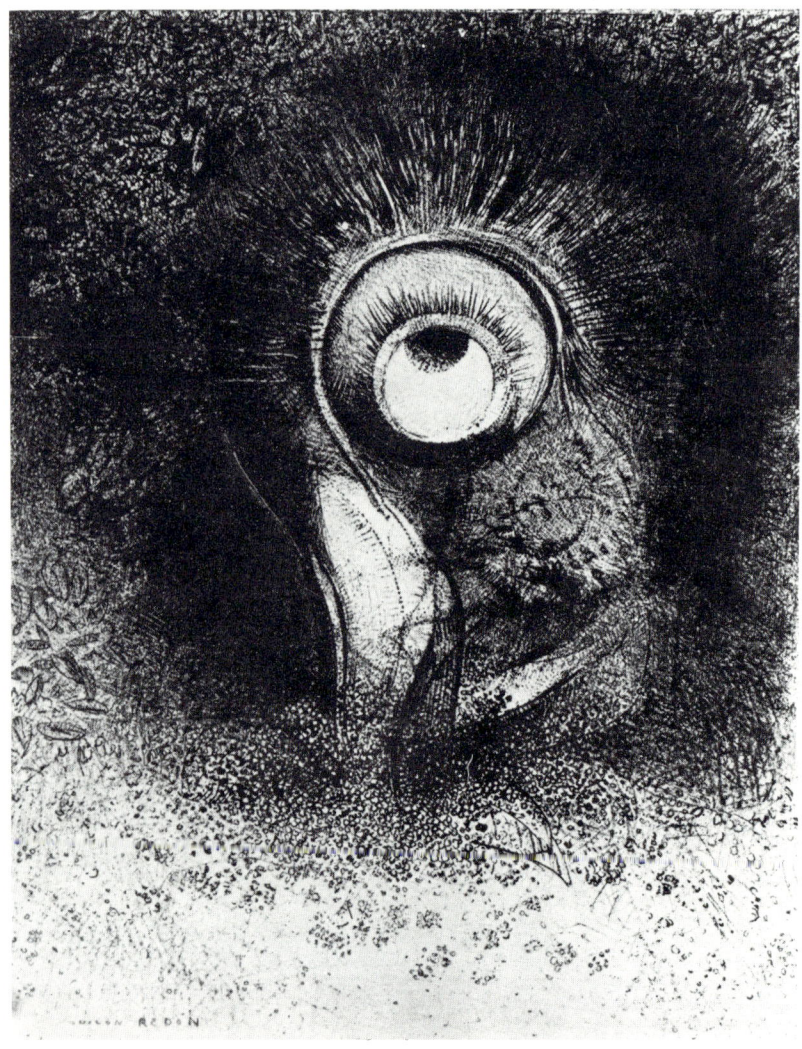

Die wissenschaftliche Taxonomie mit ihrer Hierarchie von Gattungen, Arten usw. ist weder die einzige noch die letztgültige Möglichkeit der Einordnung von Gegenständen der natürlichen Welt. So konnte der Dorfbriefträger Cheval z. T. deshalb, weil er ein ungebildeter *bricoleur* war, ein erstaunlich vielseitiges Vokabular plastischer Formen artikulieren, in dem tierische, pflanzliche, mineralische und menschliche Elemente sich mischen. (Detail des Palais Idéal, erbaut von Ferdinand Cheval, Hauterives, Frankreich, um 1880)

1756 veröffentlichte Thomas Wright seine *Original Theory or New Hypothesis of the Universe,* woraus diese Tafel (links unten) „eine Teilansicht der Unendlichkeit" zeigt: ein aus einer unendlichen Reihe von Sphärensystemen zusammengesetztes Universum, von denen jedes einen „materiellen Urheber der Göttlichkeit" im Mittelpunkt trägt. Es entspricht auffallend einem jüngeren Diagramm des Universums (rechts unten), das einen Zyklus der Expansion und Kontraktion vorsieht, dessen zentrifugale und zentripetale Komponenten jeweils 45×10^9 Jahre dauern. Das Universum ist als eine zweidimensionale, endliche, doch unbegrenzte Fläche dargestellt: in der Relativitätstheorie ist es ein endliches, jedoch unbegrenztes vierdimensionales Objekt. (Sphärisches Universum, Thomas Wright, *Original Theory or New Hypothesis of the Universe,* 1756; Diagramm der Theorie des oszillierenden Universums)

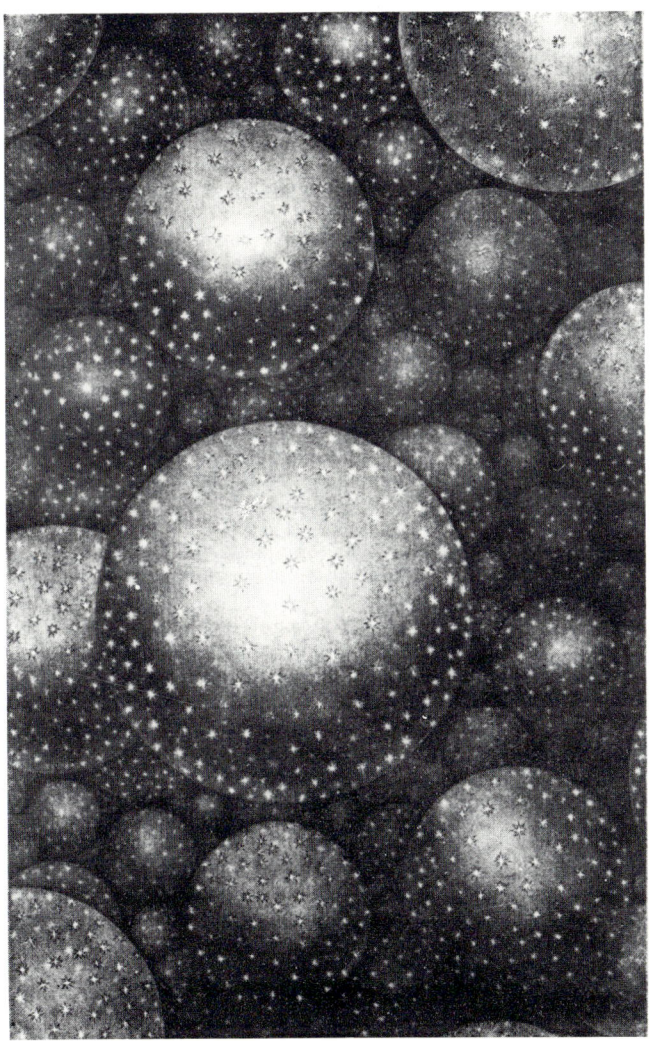

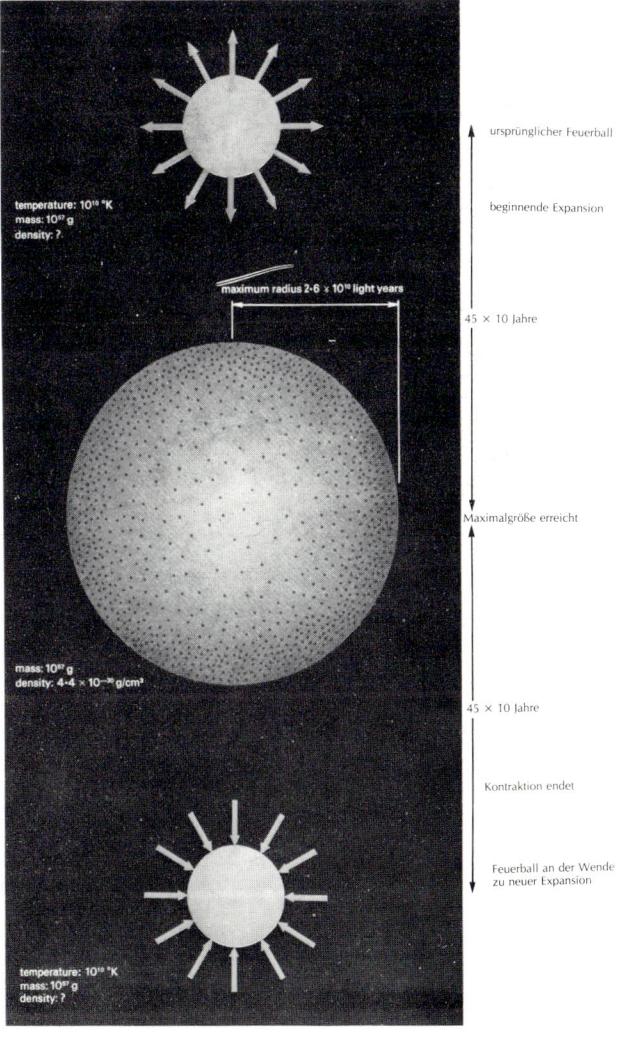

Innen und Außen

Jeder ist imstande, die Phänomene der Schöpfung von innen nach außen zu reproduzieren. Dies ist nicht einfach eine Frage der Ikonographie je nach Kultur, sondern der einer Darstellung zugrunde liegenden, primären Vorgänge (auch im Freud'schen Sinn eines unbewußten und ungefilterten Stoffes). Künstlerische Fähigkeit hat nicht nur mit „technischer Geschicklichkeit", sondern mit dem Vermögen zu tun, sich dem Chaos schöpferisch zu stellen. Oft sind es gerade Menschen ohne künstlerische Ausbildung, deren Phantasie am freiesten ist. An Kindern kann man die Wurzeln dieses visionären Spiels beobachten: sie lassen die ersten groben Linien stehen, die Verschiedenes gleichzeitig sein können – ein Kopf, ein Ei, ein Boot oder ein Haus. Später bedarf es der Anstrengung oder einer Krise, um diese Augenblicke der metaphorischen Osmose zurückzugewinnen. Marion Milner schreibt: „Die Augenblicke, als der ursprüngliche Dichter in jedem von uns die äußere Welt für uns schuf, indem er das Bekannte im Unbekannten entdeckte, haben die meisten Menschen vielleicht vergessen; oder sie sind an einem geheimen Ort im Gedächtnis aufbewahrt als Visitationen von Göttern, die mit den alltäglichen Gedanken nicht zu vermischen sind."

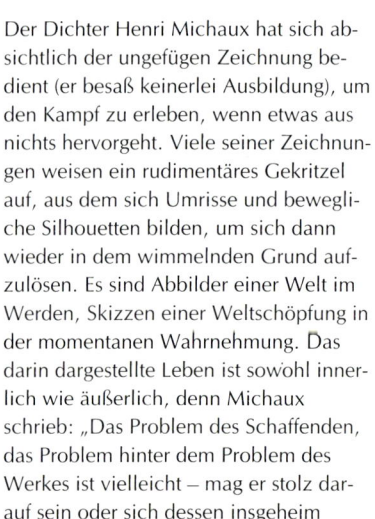

Der Dichter Henri Michaux hat sich absichtlich der ungefügen Zeichnung bedient (er besaß keinerlei Ausbildung), um den Kampf zu erleben, wenn etwas aus nichts hervorgeht. Viele seiner Zeichnungen weisen ein rudimentäres Gekritzel auf, aus dem sich Umrisse und bewegliche Silhouetten bilden, um sich dann wieder in dem wimmelnden Grund aufzulösen. Es sind Abbilder einer Welt im Werden, Skizzen einer Weltschöpfung in der momentanen Wahrnehmung. Das darin dargestellte Leben ist sowohl innerlich wie äußerlich, denn Michaux schrieb: „Das Problem des Schaffenden, das Problem hinter dem Problem des Werkes ist vielleicht – mag er stolz darauf sein oder sich dessen insgeheim schämen – das der Wiedergeburt, der ständigen Wiedergeburt, der Phönix, der periodisch und wunderbar aus seiner Asche und Leere wiedergeboren wird". Michaux experimentierte auch mit der die Wahrnehmung beschleunigenden und verlangsamenden Wirkung von Haschisch und Meskalin. Die letzte dieser vier Zeichnungen stellt eine Welt dar, deren Drehperspektive nach Michaux am besten im Sinne eines Mandala aufzufassen ist: genau die Form, die oft in den Zeichnungen von Irren vorkommt. (Bewegungen, 1950, Tuschmalerei, 1965, beide Sammlungen des Künstlers; ohne Titel; Meskalinzeichnung, 1956, Privatsammlung; alle Zeichnungen von Henri Michaux, Frankreich, 20. Jh.)

Das bei Kindern normale Gefühl kosmischer Identifizierung erwacht oft wieder in den Arbeiten von „Verrückten" (meist unter der Bezeichnung von „Größenwahn"). Die erste dieser Zeichnungen eines Schizophrenen stellt Gott mit zwei von seinem Herzen herabhängenden „Seelenengeln" dar, wie er das erste Menschenpaar bildet. Laut dem Künstler gibt die Zeichnung „die Schönheit der Schöpfung wieder. Gott meißelt Samen und Ei. Er bläst seine unsterbliche Seele in jedes Wesen seiner Schöpfung". Die zweite Zeichnung ist eine abstraktere Version, in der zwei „die spirituelle Empfängnis vom Herzen" darstellende Engel das Paar flankieren. Das Ganze ist von Flammen umgeben, die „das lodernde Herz" sind. Der Künstler sagte über diese kosmogonischen Skizzen: „Wenn ich das zeichne, ist es Gott in mir: es ist Gott selbst." (Gott, der Bildhauer, und Der Vorgang des Bildens, Zeichnungen von einem psychotischen Architekten, aus Ernst Kris, *Psychoanalytic Explorations in Art,* London 1953)

Stationärer Taimatsu beim Osuzumi-Fest
auf der Insel Noto, 1973, Japan.

Tobi-Yashiro, Heiligtümer in Gestalt von
Strohbündeln, im Dorf Nakayama, Präfektur Nagasaki, Japan.

Shime-Yama, Markierungsberge vor der
Tanzhalle des Kamigamo-Schreins in
Kioto, Japan.
Sagitcho, „Trichter"-Schrein, beim Fest
im Kishoso-ji-Tempel in der Präfektur
Nara, 1972.

Die Darstellung von „Nichts" ist eine höchst paradoxe Angelegenheit, sogar in der Wissenschaft. Nach einer Theorie von 1912 besteht die Materie aus Mikroteilchen, die sich durch den Äther bewegen wie Blasen in einer Flüssigkeit (also das genaue Gegenteil der Atomtheorie). Sie galt damals als „plausibler als die Elektronen-Hypothese". Man kann den Ursprung nicht bestimmen, sondern nur darauf verweisen, wie Gertrude Stein schrieb: „Natürlich weiß man erst dann, wie es geschah, nachdem es längst angefangen hat zu geschehen." Ein Symbol kann, sofern es nicht in reinen Parallelismus verfällt, den Geist über wörtliche Bestimmungen hinaustreiben und ein Brennpunkt für die Vorstellung sein. Doch ist Symbolgebung ebenso ein Akt des „Lesens" wie des „Schreibens/Zeichnens", denn auch der gewöhnlichste Akt kann in einer unendlichen Zahl metaphorischer Zusammenhänge gesehen werden.

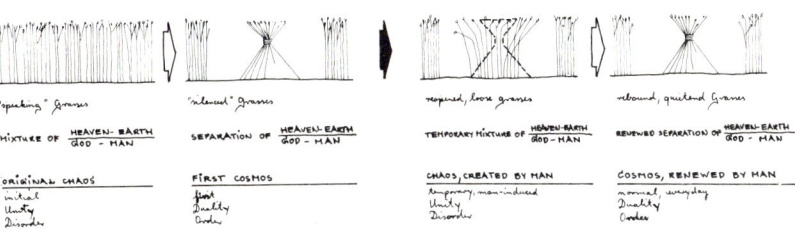

Diagramm des Bindens/Entbindens, der Erneuerungsritus des Shinto-Festivals.

Diagramm der vier Zeitalter des Himmels

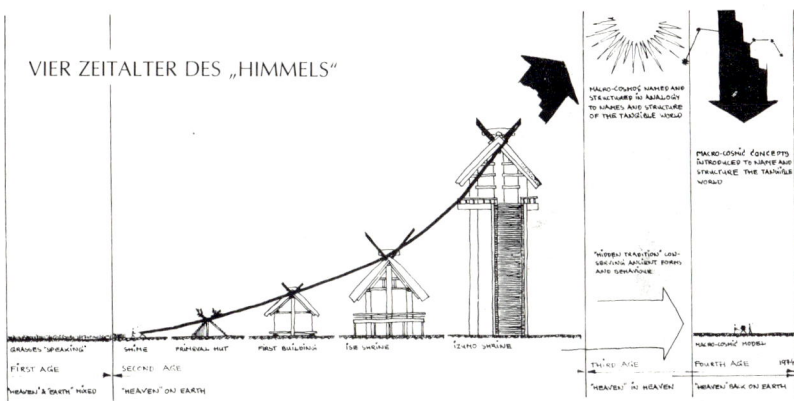

In seiner bahnbrechenden Studie über das japanische Shime (der Ausdruck bedeutet „Besetzungszeichen", stammt jedoch aus einer Wurzel, die „binden", „besetzen" und „bezeichnen" bedeutet) zeigt Günter Nitschke, daß der Vorgang des Bindens etwas ungemein Metaphorisches war. Von den einfachsten geknoteten Stielen (ein Zeichen des Besitzertums) bis zu den kunstvollsten Bauformen, ist das Binden ein Vorgang, durch den ein „Territorium" (ein Feld, eine Insel, ein Kosmos) bezeichnet wird. Daher evoziert die (Neu-)Erschaffung eines Territoriums (z. B. das Bündel eines Shinto-Schreins) die Urschöpfung des Kosmos aus dem Chaos. Der Befehl, den die Himmelsgötter Izanagi und Izanami, den Protagonisten des Nihongi-Schöpfungsberichts, gaben, lautete: „Vollendet und erhärtet dieses Land". Laut Nitschke heißt dies, das ungeordnete „sprechende" Chaos in einen ordentlichen „stillen" Kosmos zu verwandeln, aufgrund der Analogie des Shime-Bindens (rechts oben). Nitschkes These lautet: „Das *Bauen*" ist in der Evolution des Menschen primär, die *Religion* sekundär (obwohl m. E. das Bauen, mehr als das meiste andere Tun, immer gleichzeitig offen ist für eine funktionelle und eine symbolische Deutung). Die Trennung von Himmel und Erde ist daher ein späteres, metaphysisches Konzept, abgeleitet von der Praxis des Bauens und erst danach auf die Erde gebracht, wiederum in einem zeremoniellen Kontext (rechts unten). Nitschke unterscheidet vier Grundstrukturen, die von der fundamentalen Shime-Form des „Stundenglases" abgeleitet werden können:

„Säulen", in die der Shime gepreßt wurde. Das erste Foto zeigt einen 20 m hohen Taimatsu, um den herum getanzt und der dann verbrannt wird.
„Berge", in denen die untere Hälfte des Shime in übertriebener Form erscheint. Das zweite Foto zeigt zwei „Markierungsberge" vor einem Shinto-Schrein. „Hütten", in denen der Shime ausgehöhlt erscheint. Das dritte Foto zeigt Schreine in Form von Strohbündeln.
„Trichter", in dem die obere Hälfte des Shime übertrieben erscheint. Das vierte Foto zeigt zwei riesige Trichter, die mit Neujahrsschmuck angefüllt und dann verbrannt werden.

(Alle Fotos und Zeichnungen von Günter Nitschke, aus: „Shime. Binden/Entbinden", *Architectural Design*, Dez. 1974)

Der englische hermetische Philosoph Robert Fludd (1574–1637) verfaßte einen kunstvollen Traktat über die Schöpfung, der ein Versuch war, eine Synthese aus der *Genesis* und den gnostischen Versionen des *Poimandres des Hermes Trismegistos* herzustellen. Hier sind einige Beispiele der außerordentlich eleganten Bildtafeln von De Bry, die das Erscheinen der Ordnung aus dem Chaos illustrieren.

(Alle Bildtafeln von Robert Fludd, *Utriusque cosmi, maioris scilicet et minoris, metaphysica atque technica historia*, 1617)

Chaos, in dem Heiß und Kalt, Feucht und Trocken in wirrem Kampf befangen sind.

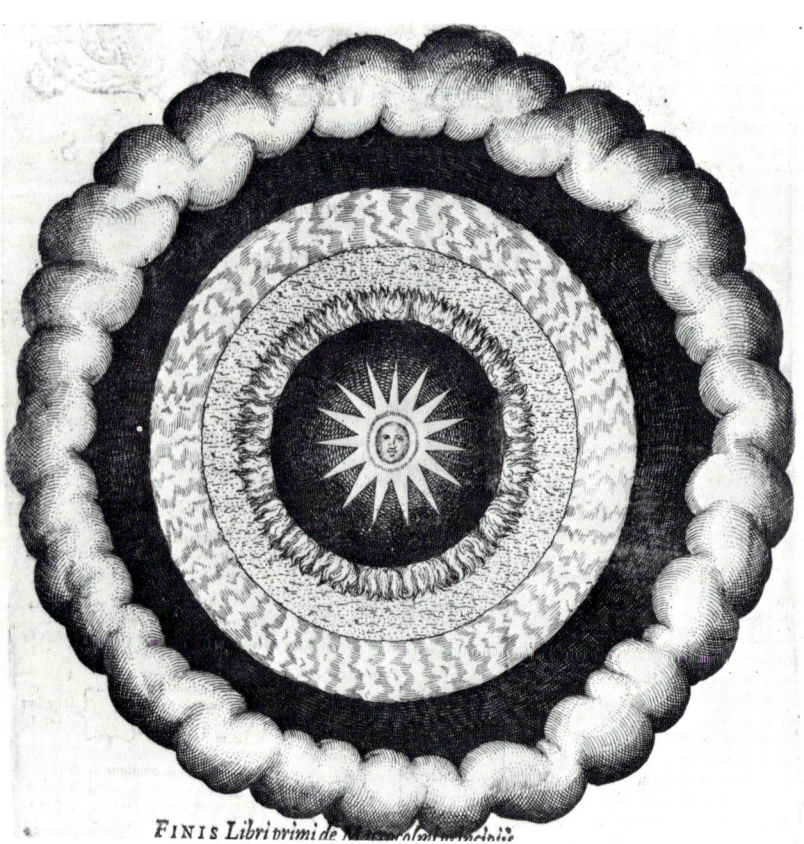

Das erste Erscheinen des Kosmos als eine göttlich inspirierte innere Vision, die eine Identität zwischen den absoluten und individuellen Aspekten des *nous* (universelle Intelligenz) herstellt.

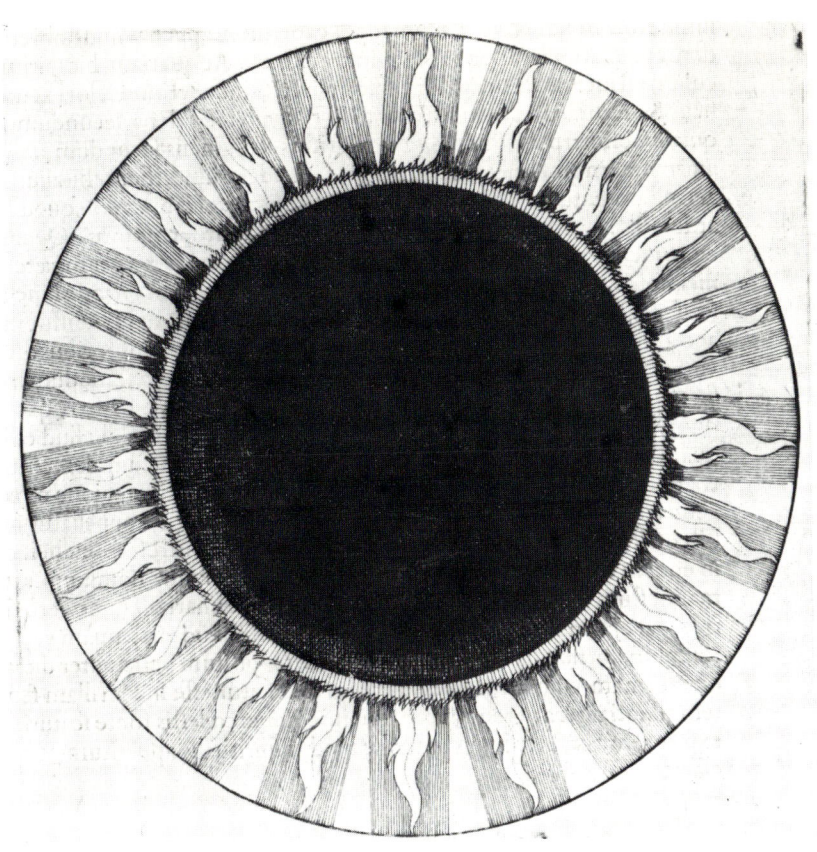

Das Erscheinen des ersten wirklich geschaffenen Lichts.

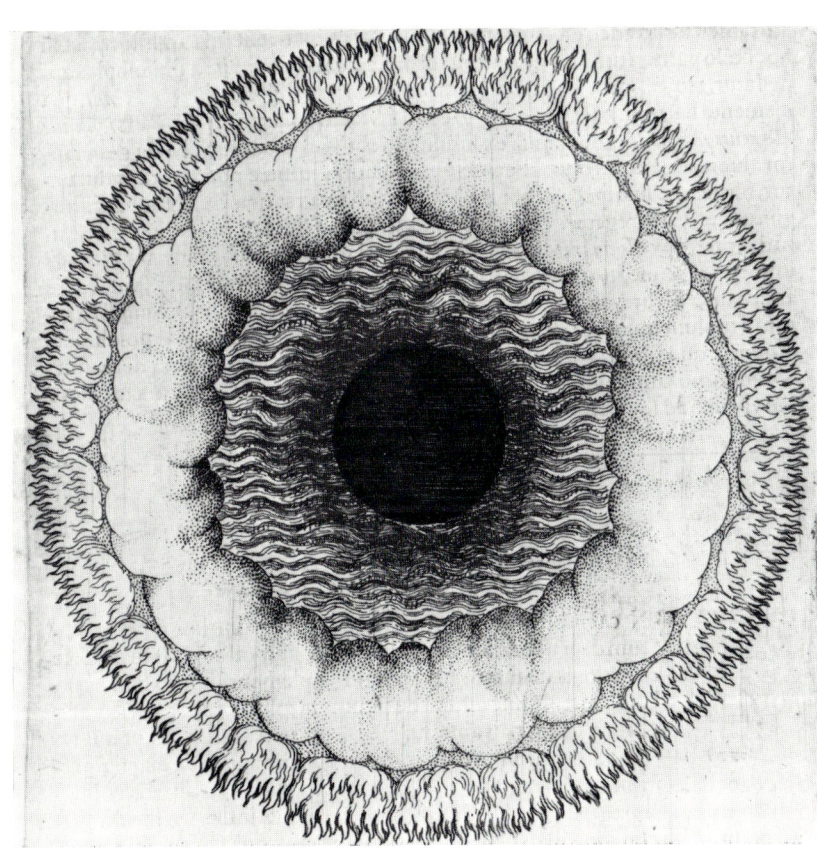

Die Formation der materiellen Elemente,
von innen nach außen: Erde, Wasser,
Luft und Feuer.

Die Verbindung von Gegensätzen

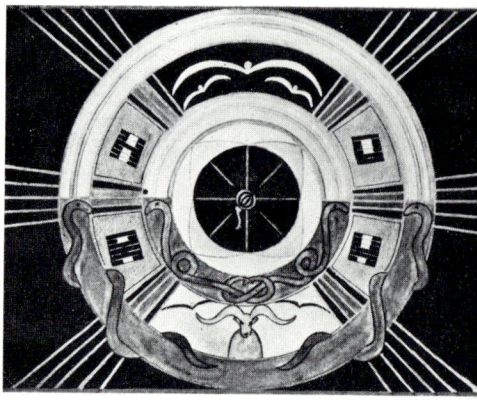

Das Yin-Yang-Symbol der taoistischen Überlieferung in einer modernen Adaptation, um die komplementäre Rolle von Pflanze und Wurzel auszudrücken. Die Dialektik von Yin und Yang spielt in der Philosophie der Makrobiotik eine zentrale Rolle. (Markenzeichen von Harmony Foods, London)

Mandala, die Trennung der Luft-Welt von der Erden-Welt darstellend: in der Mitte eine Blüte mit einem goldenen Stern.

Mandala, die Trennung der Welt des Lichts von der Welt der Finsternis darstellend; in der Mitte eine meditierende Figur. (Mandalas, geschaffen von einer Patientin C. G. Jungs, aus C. G. Jung, *Das Geheimnis der Goldenen Blüte,* Olten u. Freiburg, [15]1982)

Wir könnten nichts ohne Veränderung, wenn auch nur auf mikroskopischer Ebene, wahrnehmen: die Welt setzt ihr Sein durch ständige Wandlung fort. Die Antriebskraft dieser schöpferischen Differenzierung stammt aus dem Ur-Impetus eines Gegensatzes: Etwas im Gegensatz zu Nichts. Doch dieses Etwas ist selbst ein Chaos, d. h. eine unvorstellbare Synthese von Gegensätzen, die sich wiederum voneinander absetzen müssen. Alle Gegensätze, mögen sie noch so stark ausgeprägt sein, bedingen sich gegenseitig. Jeder bildet sozusagen einen Teil eines größeren Ganzen, so wie in Platons *Timaios* jeder Mensch aus einer Zweiteilung entstanden ist und daher seine fehlende Hälfte begehrt und suchen muß. Diese heimliche Anziehung von Gegensätzen drückt der Spruch William Blakes aus: „Der Gegensatz ist die wahre Freundschaft." Das chinesische Konzept der gegenseitigen Durchdringung von Yin (dunkel, feucht, weiblich) und Yang (hell, trocken, männlich) beruht ebenfalls auf einem Dualismus, der dynamisch und zyklisch, nicht statisch ist. Laut einem

Kommentar zum *I Ging* („Buch der Wandlungen") sind „das Schöpferische [Yang] und das Empfangende [Yin] das wahre Geheimnis der Wandlungen. Insofern das Schöpferische und das Empfangende sich als vollendet darstellen, sind auch die Wandlungen zwischen ihnen gesetzt. Wenn das Schöpferische und das Empfangende zerstört würden, gäbe es nichts, das die Wandlungen empfangen könnte." Yin und Yang, Hell und Dunkel, Bewußtes und Unbewußtes, stehen daher in einem aktiven, dialektischen Gleichgewicht. Im Leben sind wir auf jeder Ebene Zeuge ihres Widerspruchs und müssen versuchen, ihre letztendliche Aufhebung zu erreichen. Die Spannung zwischen „himmlisch" und „irdisch" (in manchen Formen des Christentums bis zum Extrem einer faktischen Scheidung von Geist und Fleisch) erscheint in manchen der von Jungs Patienten produzierten Mandalas. Zum Prozeß der Individuation in der Jung'schen Psychotherapie gehört die Unterscheidung zwischen Bewußtem und Unbewußtem, um beide letztlich zu reintegrieren

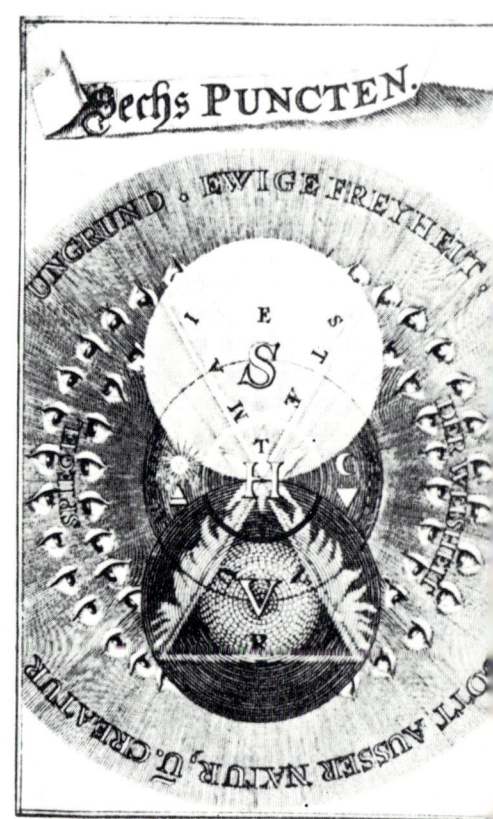

Das mystische Christentum Jakob Böhmes (1575–1624) dreht sich um die Wechselbeziehung zwischen den Gegensätzen: in seiner Gottesschau ist, im Gegensatz zum üblichen Bild, die Finsternis so wichtig wie das Licht. Die ganze Skala widersprüchlicher Möglichkeiten ist in dem uranfänglichen „Ungrund" enthalten. Diesem „ewigen Nichts" entspringt ein Wille zum Sein (von Böhme manchmal mit Christus identifiziert), der Gottes Selbstbewußtsein bewirkt. Sobald diese wieder in den Ungrund eingeht, wird die Kraft der Selbstmanifestation frei. „Denn der Vater ist die Kraft . . . und der Sohn ist das Licht und der Glanz in dem Vater, und der Heilige Geist ist das Wallen oder der Ausgang aus den Kräften des Vaters und Sohnes und formieret und bildet alles . . . in dieser Welt." (Jakob Böhme, *Aurora*) In der Abbildung unten (linke Seite) erscheint der allumfassende Ungrund (äußerer Kreis) dialektisch gebrochen zwischen der unteren Welt des dunklen Feuers und der aus ihr entstandenen oberen Welt des Lichts: zwischen beiden, und ihrer Eigenschaften teilhaftig, befindet sich diese Welt. (Stich aus der ersten Ausgabe der *Gesammelten Werke* Böhmes, die *Sechs theosophischen Punkte* illustrierend.)

Die Verbindung von Gegensätzen spielt auch eine bedeutende Rolle in der hermetischen Kosmogonie Robert Fludds mit den beiden korrespondierenden Schöpfungsprinzipien *Form* und *Materie*. Die Abbildung links unten zeigt sie parallel zueinander in zunehmender und abnehmender Gestalt. Die Pyramide der Form steigt in der äußersten Sphäre der Schöpfung aus dem göttlichen Ursprung herab; die Pyramide der Materie steigt von der Erde in der mittleren Sphäre auf; dazwischen die Sphäre der „Gleichheit", der Himmel, deren „Sonne" *anima mundi* ist. In der rechten Abbildung erscheinen dieselben Pyramiden in ihrer wechselseitigen Durchdringung, mit der Skala der Form links und der Materie rechts. Die von der Erde aufsteigende Hierarchie der Elemente entspricht der Ordnung der zweiten Abb. auf S. 73. (Stiche aus: Fludd, *Utriusque cosmi . . . historia*, 1617)

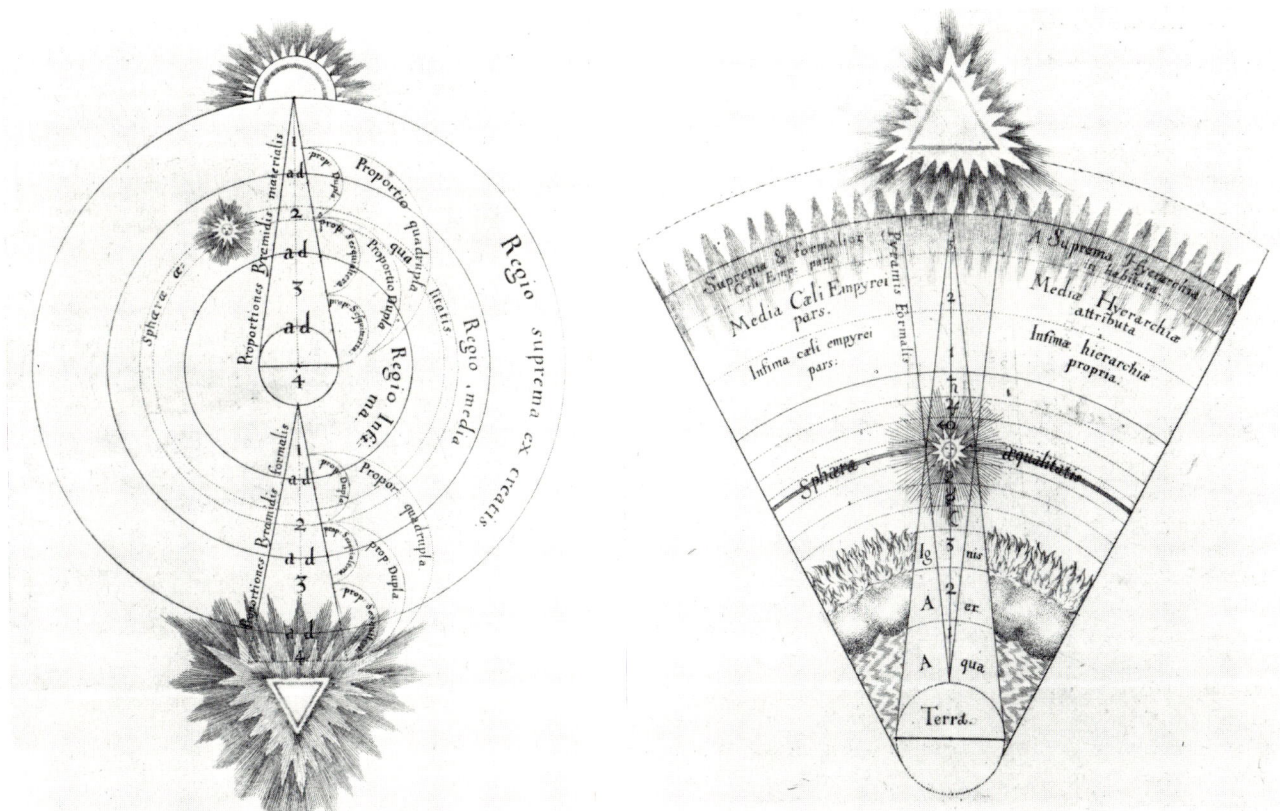

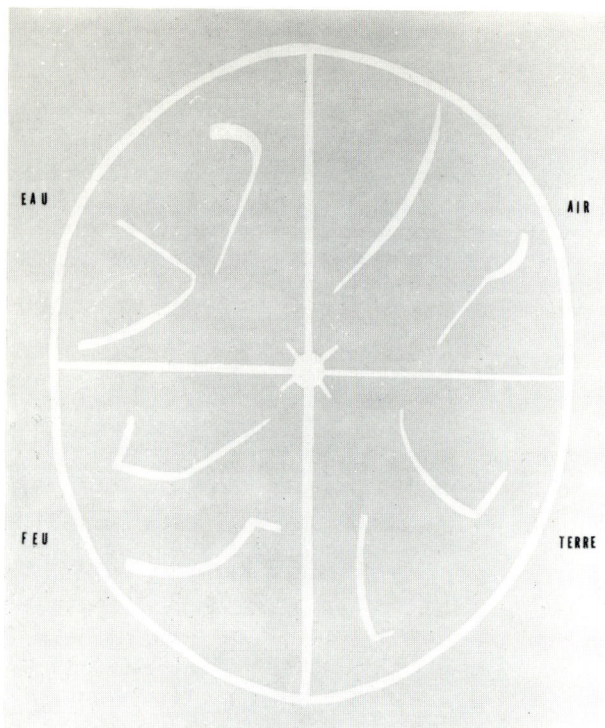

Dogon-Zeichen des Eis von Amma

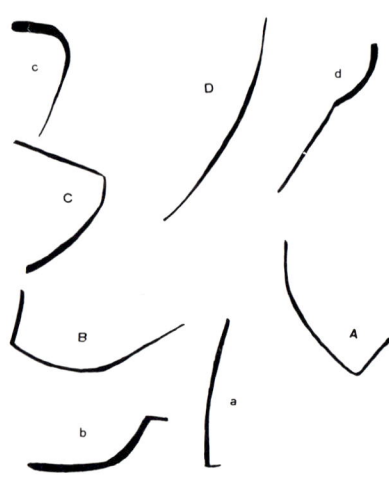

Dogon-Meisterzeichen

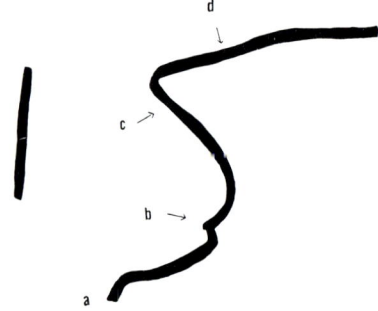

Dogon-Führerzeichen

Weltordnung und Ordnung der Welten

Unsere Welt trat nicht plötzlich in fertiger Gestalt ins Dasein: sie erreichte ihre gegenwärtige Komplexität Schritt für Schritt. Ein Schöpfungsmythos muß daher nicht nur die Tatsache ihrer Existenz erklären, sondern ihre Struktur rechtfertigen und die Bedeutung ihrer Evolution erläutern. Auch im weitschweifigsten Schöpfungsbericht verbirgt sich normalerweise ein ontologisches Skelett, irgendeine Form von Hierarchie („heilige Ordnung"). In höher entwickelten Systemen, z. B. der Kabbala, erfolgt die Entfaltung der Schöpfung nach einem ausgeklügelten „Code" (wie der Baum der Sephiroth, S. 8). Das biochemische Bild von der Entstehung des Lebens enthält ebenfalls eine Verschlüsselung, nämlich in der Theorie der Vermittlung genetischer Information durch die lange, komplexe Doppelspirale des DNS-Moleküls.

Die allmähliche, zunehmend komplexe Artikulation fundamentaler Prinzipien kann analog zur Verwendung von Sprache in der aktuellen Rede gesehen werden.

In der Kosmogonie der Dogon von Mali ist das Verhältnis zwischen „Rede" und „Zeichen" und den Elementen der Weltordnung äußerst metaphorisch: wenn sie die symbolische Tragweite einer Wendung betonen wollen, verweisen sie auf das „Wort der Welt". Ein Eingeweihter der höchsten Stufe besitzt ein immenses Repertoire von Zeichen, die „aus 22 Kategorien von 12 Elementen (insgesamt 264) zusammengesetzt sind, von denen jedes eine Liste von 22 Paaren anführt; dieser Aufbau von 11 616 Zeichen drückt alle möglichen Situationen und Kreaturen aus, wie der Mensch sie sieht" (Griaule). Am Uranfang war das „Ei von Amma" oder „Der Bauch aller Zeichen der Welt" (links oben). Die vier Teile des Eis entsprechen den vier Elementen, und die vier Trennungsstriche den vier Windrichtungen. Das Ganze hat die Gestalt eines Getreidekorns. Ursprünglich enthielt jeder Sektor acht Zeichen, von denen jedes acht weitere produzierte. Zusammen mit acht Zeichen für die Achsen und zwei weiteren für den Mittelpunkt ergaben sich insgesamt 266 „Zeichen von Amma". Die „Führerzeichen" im Mittelkreuz eröffnen den Weg für die „Meisterzeichen" jedes Sektors.

„Das erste Führerzeichen (links, unten) ... wird ,Entstehung der Idee' genannt. Der wesentliche Teil, die Luft, wird in der Mitte durch eine Art ,S' gebildet (b bis c); Luft weht auf dem Wasser, den gekrümmten Teil, der an Flußwindungen

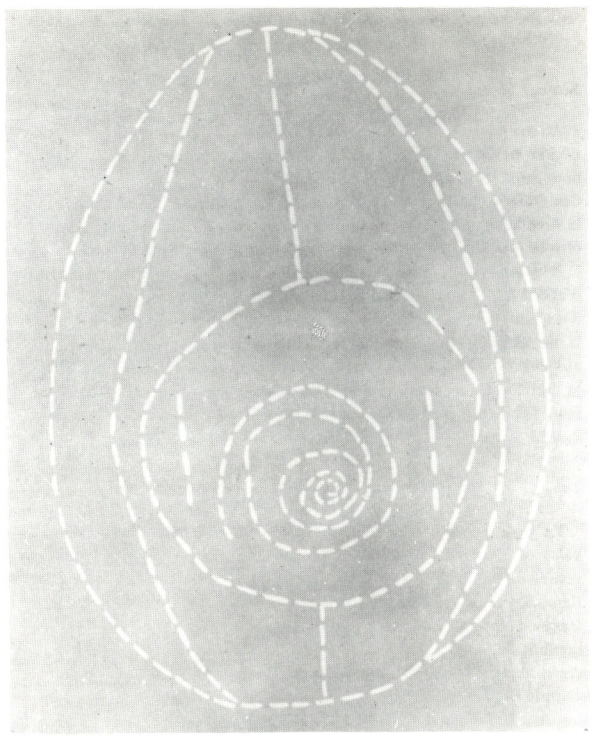

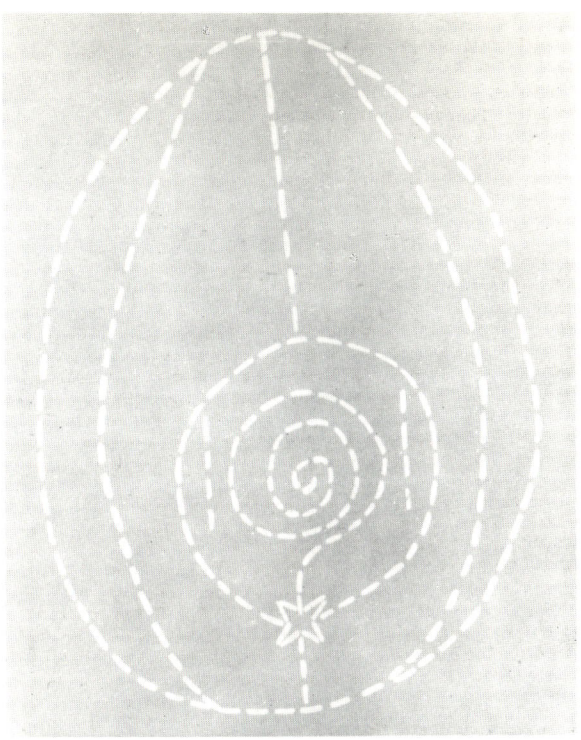

Das erste *yala* des Eis von Amma.　　　　　Das zweite *yala* des Eis von Amma.

erinnert (b bis d), und läßt es in Tropfen verspritzen, die Lebewesen bilden. Genauso ist es mit der Erde, die durch die leicht gebogene Verlängerung des ‚S‘ markiert wird (von d zur Spitze); sie erodiert sie und verstreut sie als Staub, der Lebewesen gestaltet. Das Feuer, der untere Teil des S (a bis b), scheint getrennt von den anderen Elementen. In seinen Windungen spiegelt sich das Brennholz (Knick links) und die zuckende Flamme (Knick rechts). Luft bläst auf Feuer, das Funken sprüht, woraus sich Lebewesen bilden." (Griaule) Das zweite Führerzeichen (links) heißt „Umhüllungszeichen" und stellt die äußere Haut der Wesen dar; es hat die Funktion, die abgestreifte Haut der vier Elemente den „Meisterzeichen" weiterzugeben.

Im ersten Paar von Meisterzeichen (links Mitte) bedeuten die Haken am Ende der Linien (A und a) den Diebstahl eines Teils der geschaffenen Erde durch einen Fuchs. Der Haken am Ende von B deutet den Schürhaken an, womit das Feuer vom Ahnen Schmied gestohlen wurde. Der Schmelzofen und das Holz der Esse sind durch die horizontale Linie von b, die Flamme vom Häkchen an deren Ende symbolisiert. C deutet auf die Öffnung des Himmels, um den Weg für

das Wasser freizugeben; c steht für die Herabkunft der „Weltarche". Der dünne Bogen von D steht für Luft, die im Zentrum dichter, in den Höhen und Tiefen des Raumes dünner ist; d bedeutet heiße und kalte Luft, wobei der dünnere Teil der kühlere ist.

Alle diese Zeichen werden von den Dogon *bummo* (Spuren) genannt: aus ihnen bildeten sich die *yala* (Bilder; oben). Jede Einheit des ersten *yala* des Eis von Amma soll einem der 266 *bummo* entsprechen: die 66 *yala* der Mittelspirale entsprechen z. B. den heiligen 8 Getreidekörnern, und die 4 vertikalen Teile des Eis den 4 Teilen des *bummo*. Im zweiten *yala* ist die Spirale umgekehrt und das „Auge von Amma" (Stern unter der Spirale) geöffnet: das „Auge" deutet auf die 4 Gegenden des Raums voraus, wohin die Spirale sich entrollen wird. Bei ihrem Erscheinen wird das *yala* zu einer dritten Kategorie von Zeichen werden, dem *tonu* (Umriß), und sich als Spirale nochmals in dieselbe Richtung bewegen. Dabei entsteht die Milchstraße, der die Erde angehört.
(Illustrationen von Griaule und Dieterlen.)

1 Im Anfang, allezeit, über der Erde, an diesem Ort.

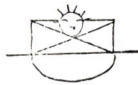

2 Auf der Erde war ein riesiger Nebel, und da war der Große Manito.

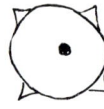

3 Im Anfang, immerdar, im Raum verloren, war der Große Manito.

4 Er machte die riesige Erde und den Himmel.

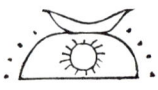

5 Er machte die Sonne, den Mond und die Sterne.

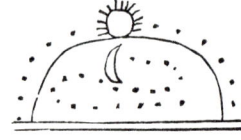

6 Er machte, daß alles sich in Harmonie bewegte.

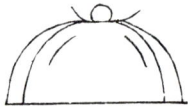

7 Dann blies der Wind heftig, es wurde heller, und das Wasser strömte mächtig und von weither.

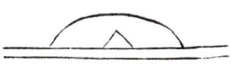

8 Und Gruppen von Inseln tauchten auf und blieben.

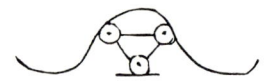

9 Noch einmal sprach der Große Manito, ein Manito zu anderen Manitos.

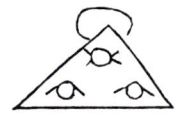

10 Zu sterblichen Geschöpfen, Geistern und allen.

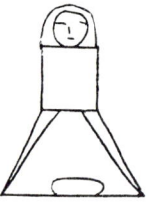

11 Und danach war er der Manito der Menschen und ihr Großvater.

12 Er sandte die erste Mutter, die Mutter aller Geschöpfe.

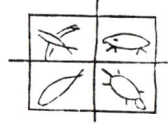

13 Er sandte Fische, er sandte Schildkröten, er sandte wilde Tiere, er sandte Vögel.

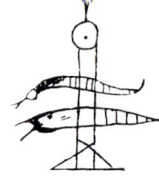

14 Aber ein boshafter Manito machte nur boshafte Geschöpfe, Ungeheuer.

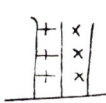

15 Er machte Fliegen, er machte Stechmücken.

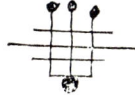

22 Und brachte Unglück, Zank und Unheil mit sich.

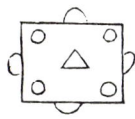

16 Damals herrschte Freundschaft unter allen Geschöpfen.

23 Brachte schlechtes Wetter, brachte Krankheit, brachte Tod.

17 Wahrlich, die Manitos waren sehr tätig und umsichtig.

24 All dies geschah einst auf Erden, vor der großen Flut, im Anfang.

18 Für diese ersten aller Männer und diese ersten aller Mütter fanden sie Gehilfen.

19 Und sie gaben ihnen zu essen, wenn sie dessen bedurften.

Weltordnung und Ordnung der Welten

Das *Walum Olum* oder das „Rote Buch" der Lenape- oder Delaware-Indianer besteht vermutlich aus einer Serie mnemonischer Zeichnungen. Diesen wurde eine jüngere Kosmologie hinzugefügt, deren Anfang hier übersetzt ist. Doch die Beziehung zwischen den einzelnen Zeichnungen, die manchmal sehr eng ist (s. Nr. 6, 7, 8, 9 und 10), deutet auf eine kontinuierliche metamorphe Kette: die Syntax einer fundamentalen Grammatik der Formen. (Zeichnungen und Text aus: Brinton, *The Lenâpé and their Legends*)

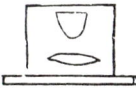

20 Alle besaßen heitere Weisheit, alle hatten Muße und Glück.

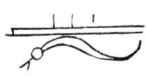

21 Jedoch mit großer Heimlichkeit erschien ein boshaftes Geschöpf, ein mächtiger Zauberer, auf der Erde.

Weltordnung und Ordnung der Welten

In diesen tantrischen Diagrammen wird den Schöpfungsrhythmen und -mustern nicht in der anthropomorphen Gestalt von Schöpfungsgöttern und -göttinnen Farbe und Gestalt verliehen, sondern in der symbolischen Form von Diagrammen. Der sie begleitende Text ist sparsam und ungrammatisch, offenbar ein Kommentar zur Symbolik der verschiedenen *murti* („Formen") als Gegenstand der Betrachtung. Ihre Reihenfolge wird nicht bezeichnet. Dennoch besitzen diese Bilder, die keineswegs nur „abstrakt" sind, eine mit den *yala* der Dogon vergleichbare Kraft und Ökonomie. Der Schlüssel zu ihrer inneren Bedeutung kann allerdings nur vermutet werden. Der Text hat ungefähr folgenden Sinn:

Der goldene Same/Ei: ein Kreis innerhalb eines kleinen Feldes. Seitlich befindet sich der Punkt des „Lichtbringers" (vielleicht Vishnu).

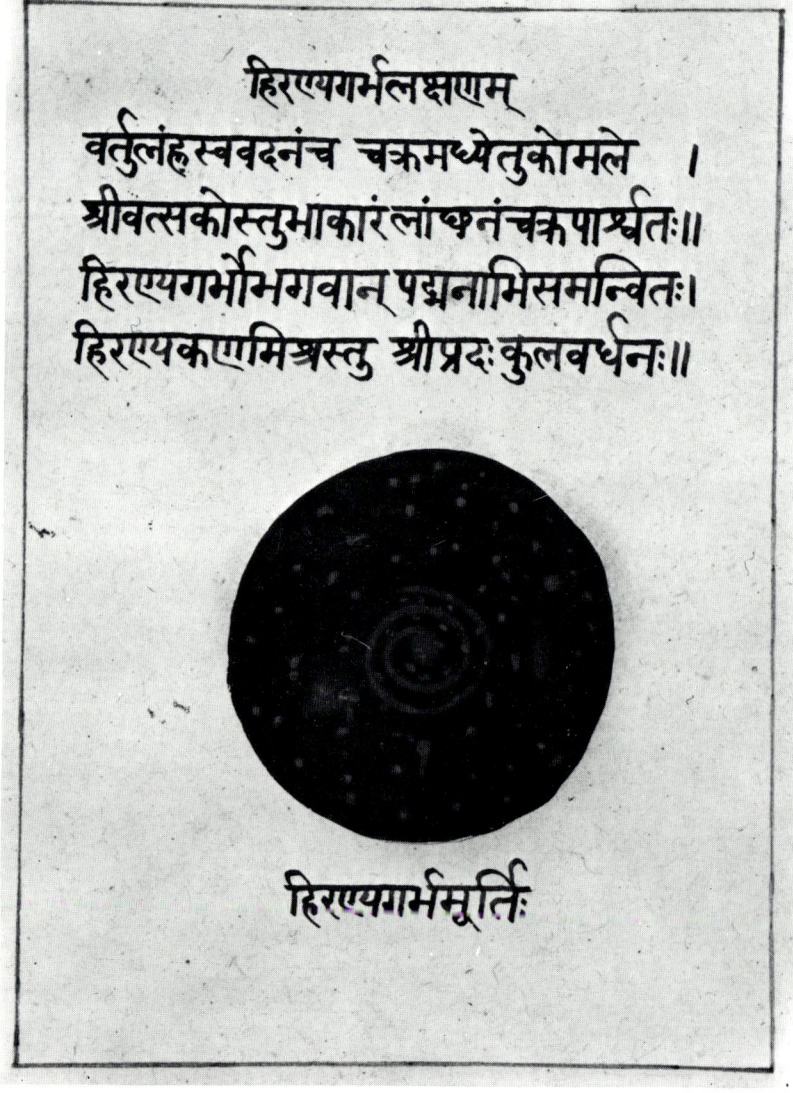

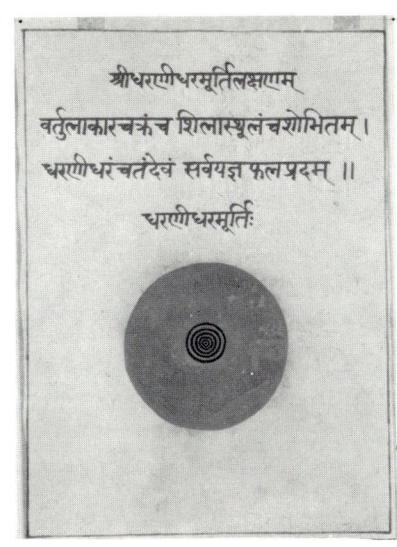

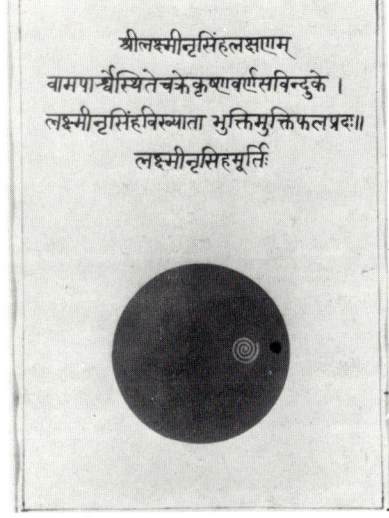

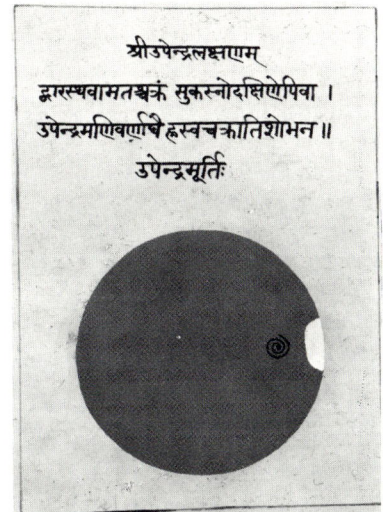

Derjenige, der die Welt erhält: er ist fest wie ein Felsen und hat ein rundes Gesicht. Er leuchtet und bringt die Früchte des Opfers dar.

Sri Lakshmi (Narasinha, Vishnus vierte Inkarnation, Löwenmensch) gewährt Erleuchtung und Befreiung.

Zur Linken der „Tür" (rechts im Kreis) befindet sich die winzige, leuchtende Gestalt von Vishnus Juwel.

Das Bild Brahmas mit vier Gesichtern. Gute Eigenschaften: ein Paar Chakras in der Mitte, Linien an der Seite.

Dieses Bild Krishnas schenkt Wohlbefinden: es ist leuchtend, dunkelblau und hat Chakras am Eingang.

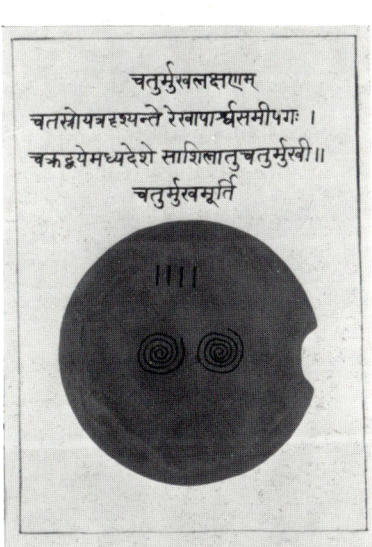

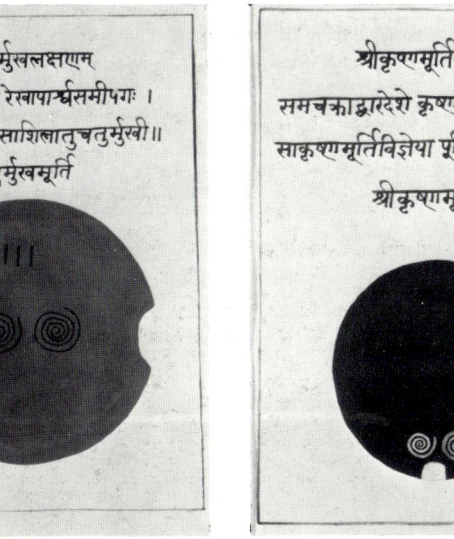

(Illustrationen S. 80–83: Sammlung Ajit Mookerjee, Neu-Delhi)

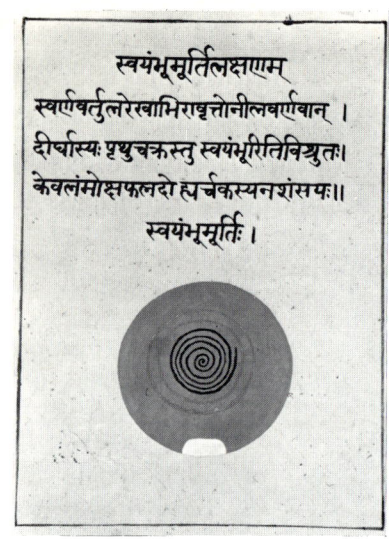

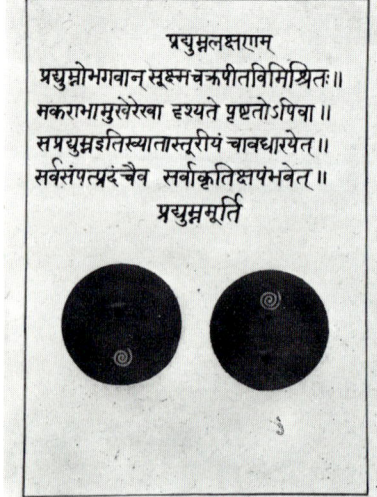

Die „Form" des Selbst-Seienden: es besteht aus eingerollten Linien und ist gleichzeitig ein winziger Punkt. Es bringt Befreiung.

Pradyumna (eine Reinkarnation von Kama, dem Gott der Liebe) hat einen winzigen gelben Kreis; im Gesicht hat er eine Linie wie ein *makara* (ein Fischungeheuer, eines von Kamas Emblemen): er kann als „der Dritte" betrachtet werden.

Der Kreis links hat drei *bindus* (männliche Samenpunkte); der rechte hat fünf und ist Gegenstand von *puja* (aktive Verehrung). Der ockerfarbene (Löwenmensch, vierte Inkarnation Vishnus) steigt von diesen beiden empor.

Die „Form" Sri Brahmas (des aktiven Schöpfers), mit seinen vier Gesichtern, Stab und Kürbisflasche (Gurde).

Die Früchte von Shalagrama (Symbol des kosmischen Eis). Der Kreis rechts unten bringt Krankheit; die anderen Gesundheit, Reichtum, Ruhm usw.

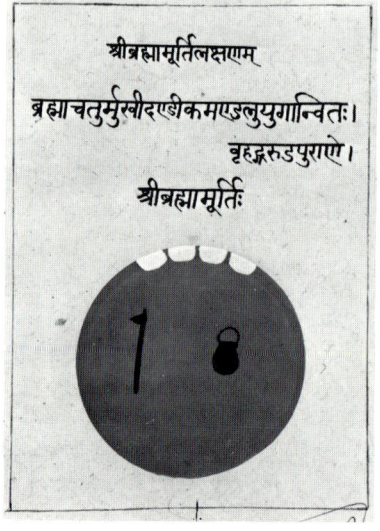

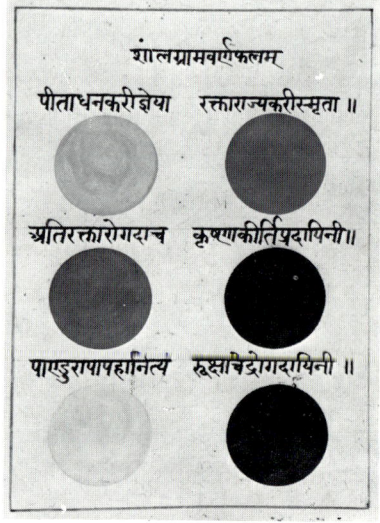

Der Nabel Shivas, mit seiner Seele Hari-
hara (eine Synthese Vishnus und Shivas);
sie hat zwei Nabel und fünf Formen. Sie
bringt Befreiung.

Die „Form" Sri Anandas (Vishnus Reinkarnation als Schlange), die viele verschiedene Farben und Gestalten hat, mit
einer eingeringelten Schlange darunter.

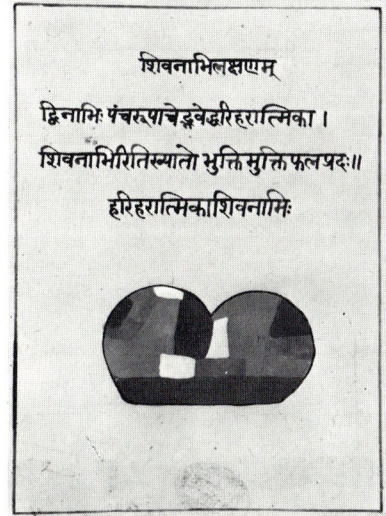

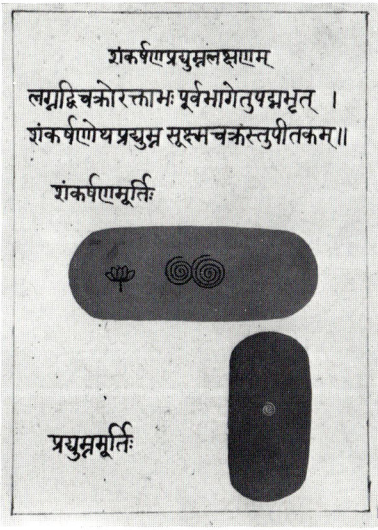

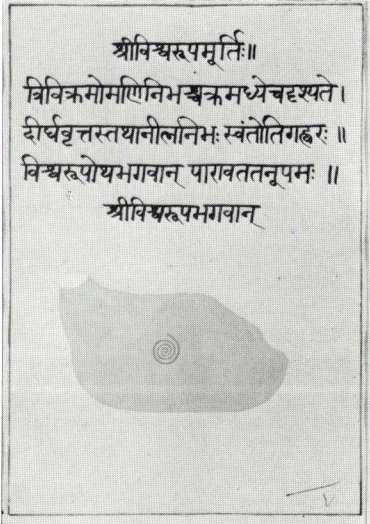

Shankusara (ein von Krishna enthaupteter
yaksha-Dämon) hat zwei Chakras und einen Lotos; Pradyumna hat einen winzigen gelben Kreis.

Lord Visvarupa (der „Vielgestaltige"), der
die Welt mit drei Schritten durchmaß (ein
Hinweis auf Vishnus fünfte Inkarnation).
Er gleicht einem Juwel, mit einem Chakra
in der Mitte. Sein Herz ist tief; er durch-
mißt das Weite.

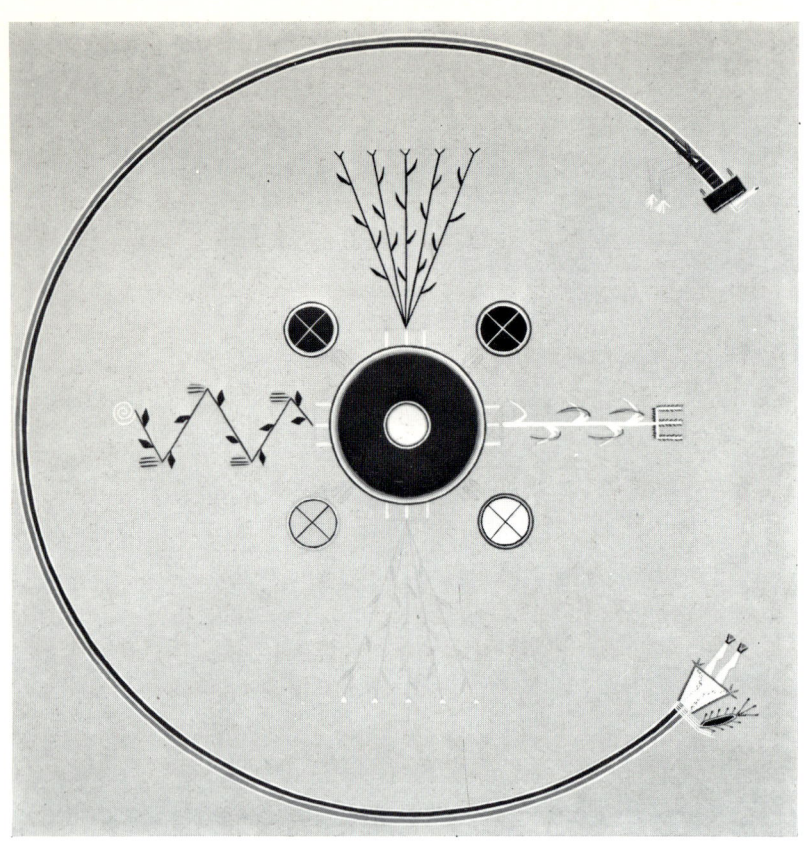

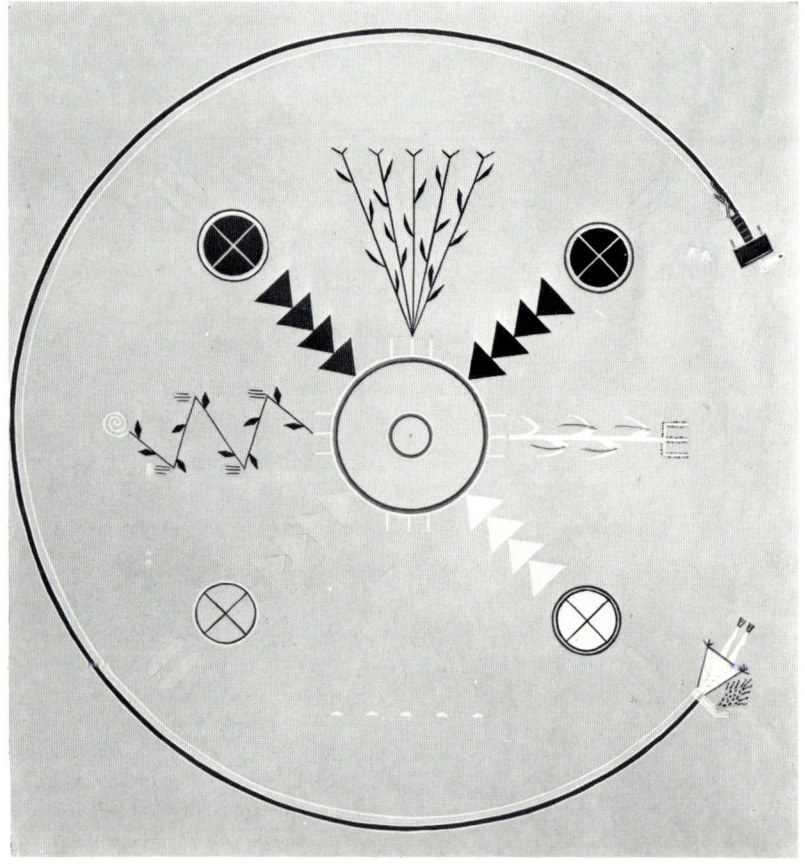

Abstieg/Aufstieg

Während die Welt der Schöpfung sich entfaltet, wird der Unterschied zwischen ihr und dem, woraus sie entstand, immer größer. In manchen Fällen ist die Diskrepanz grundlegend, von Anfang an vorhanden; in anderen erscheint sie allmählich. Auf jeden Fall wird diese Verlagerung zwischen der Welt, wie sie jetzt ist, und ihrem Prototyp in zwei Dimensionen dargestellt: der Horizontalen der Generationenreihe und der Vertikalen des Abstiegs oder Aufstiegs, des Falles oder Höhepunkts. Gewöhnlich erhält die Über- oder Unterlegenheit dieser Welt einen positiven oder negativen Wert. Für die meisten Gnostiker z. B. ist das Universum grundsätzlich fern von Gott: „Du hast den Schatz des Lebens genommen und auf die wertlose Erde geworfen", heißt es in einem mandäischen Text. Wenn andererseits die Kornmutter die ersten Menschen auf die Erdoberfläche geführt hat, wird gesagt: „Alles ist vollendet! Alles ist vollkommen!"

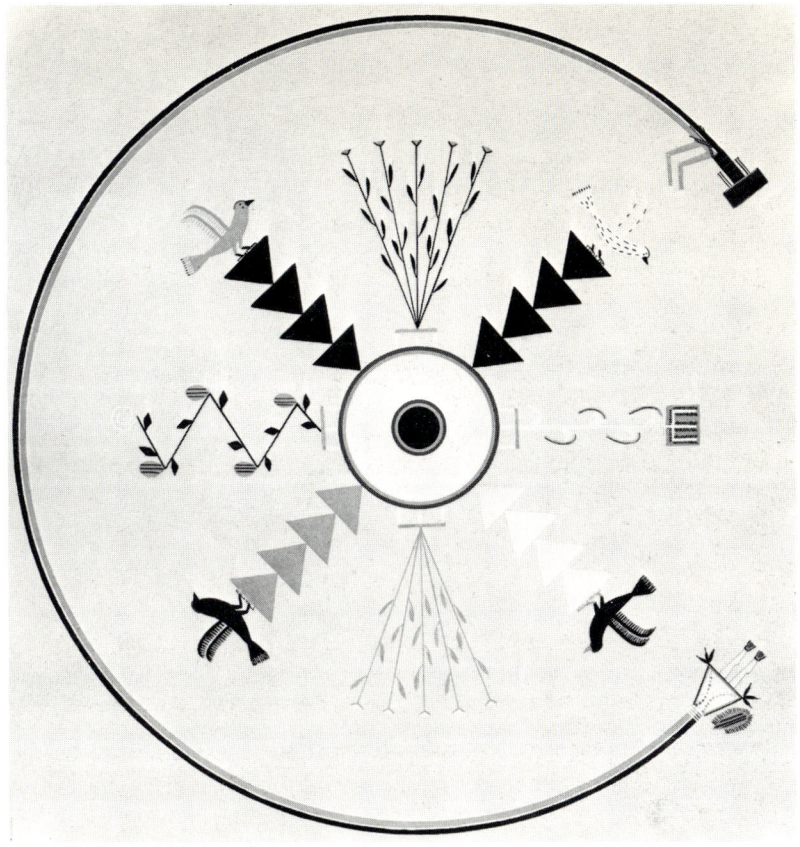

Der eigentliche Navajo-Mythos vom Weltbeginn setzt ein, wenn die ersten Menschen bereits aus den vier Schoß-Kammern hervorgekommen sind. Dies ist ein hochkomplexes Gewebe von Symbolen, bestehend aus einer „Leiter" von vier sukzessiven Welten, von denen jede mit einer anderen Farbe assoziiert ist (die Farben variieren von einer Fassung des Mythos zur anderen). Hier sind drei Sandzeichnungen vom Segensweg zu sehen: sie wurden rituell „gezeichnet" (zur Rezitation des Mythos), um durch den Nachvollzug des Schöpfungsvorgangs eine reiche Ernte und Jagdbeute zu sichern. Alle drei haben den heiligen Ort der Entstehung im Mittelpunkt, aus dem die vier Kulturpflanzen zwischen den vier heiligen Bergen wachsen. Das Ganze ist umgeben von der kreisförmigen Gestalt der Regenbogengöttin. Der erste Ort der Entstehung ist blau, der zweite gelb und der dritte weiß. In der zweiten Malerei befinden sich vierschichtige Wolken unter und Fußspuren aus Blütenpollen über jedem Berg. Die dritte Malerei weist Vögel auf statt der Berge. Alle drei sind nach Osten geöffnet. (Kopien von Sandmalereien vom Navajo-Segensweg, Museum of Navajo Ceremonial Art, Santa Fe, Neu-Mexiko)

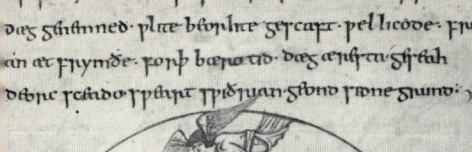

dag ġunned· plæ beorhre geneapt· pel licode· þæt
an ær fynde· þonþ bæpende· dag æþistcu ġ&tah
debþe reando þþehþe þþidþan ġbnd rþone ġ&und·

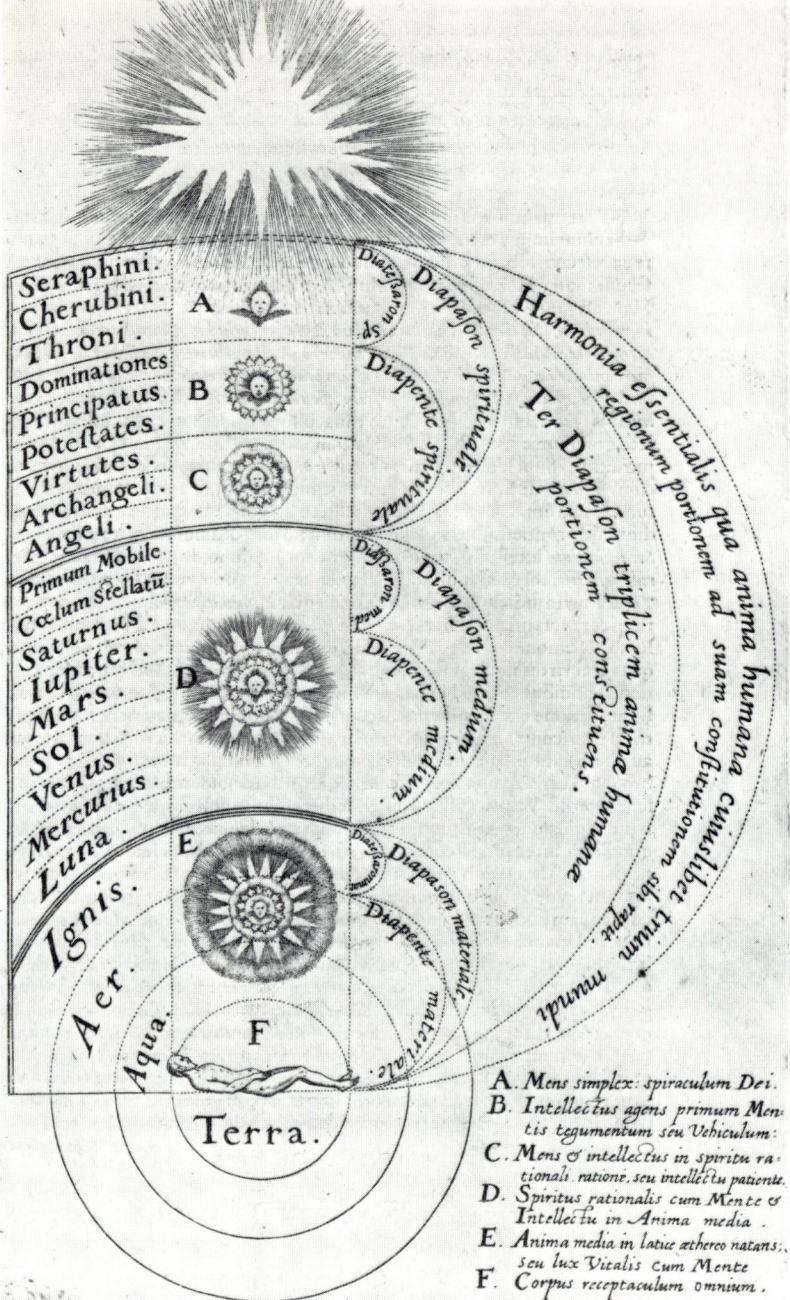

Seraphini.		A		
Cherubini.				
Throni.				
Dominationes		B		
Principatus.				
Potestates.				
Virtutes.		C		
Archangeli.				
Angeli.				
Primum Mobile.				
Cœlum Stellatū				
Saturnus.				
Iupiter.		D		
Mars.				
Sol.				
Venus.				
Mercurius.				
Luna.				
Ignis.		E		
Aer.				
Aqua.		F		
Terra.				

Harmonia essentialis qua anima humana cuiuslibet regionum portionem ad suam constitutionem sibi rapit.

Ter Diapason triplicem animæ humanæ portionem constituens.

Diapason spirituale
Diapente spirituale
Diapason medium
Diapente medium
Diapason materiale
Diapente materiale

A. Mens simplex: spiraculum Dei.
B. Intellectus agens primum Mentis tegumentum seu Vehiculum:
C. Mens & intellectus in spiritu rationali. ratione. seu intellectu patiente.
D. Spiritus rationalis cum Mente & Intellectu in Anima media.
E. Anima media in latice æthereo natans: seu lux Vitalis cum Mente
F. Corpus receptaculum omnium.

86

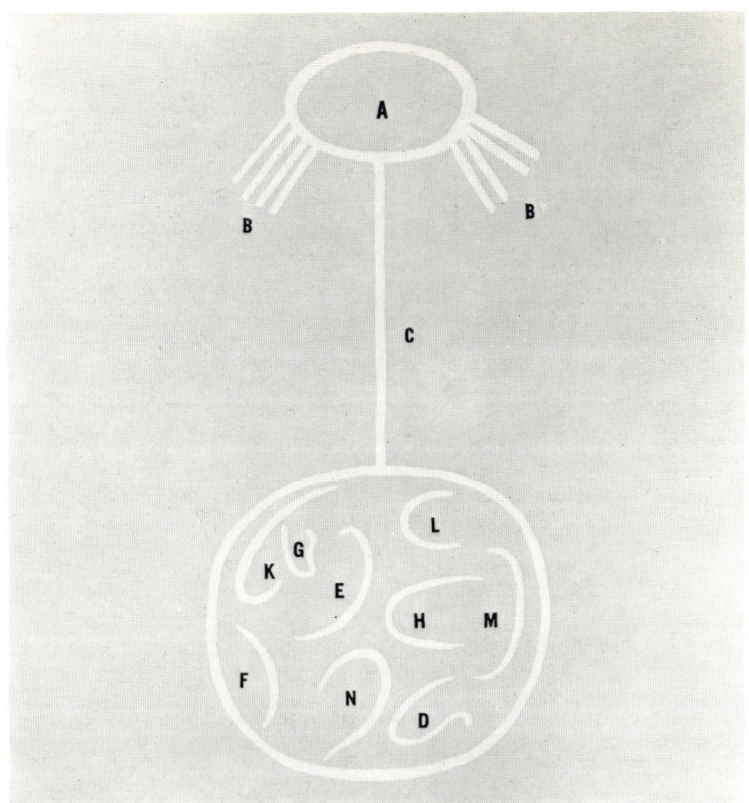

Abstieg/Aufstieg

Linke Seite:

Der zweite, dritte und vierte „Tag" der Genesis. (Zeichnungen aus der HS *Caedmon Genesis,* England, 11. Jh., Bodleian Library, Oxford)

Robert Fludds Diagramm (links) zeigt eine von oben nach unten führende Skala durch die Cherubim und Seraphim; Kräfte und Domänen; Tugenden, Erzengel und Engel; die Planeten und Elemente; zum Menschen als dem mikrokosmischen Gefäß. Parallel dazu verlaufen die sukzessiven Hüllen der reinen Intelligenz. (Robert Fludd, *Utriusque cosmi . . . historia,* 1617)

Diese Seite:

Eine *tonu*-Zeichnung der Dogon zeigt den Hibiskus, der die Elemente der Schöpfung ordnet – hier in Form der acht Samenkörner (mitsamt dem Hibiskus). Der obere Kreis (A) ist das göttliche „Schlüsselbein", in welchem die Ursamen (die acht Striche B und B) gebildet wurden. Die vertikale Linie ist der künftige Abstieg dieser Samen zu den Menschen auf der Erde. Diese sind durch die *bummo* innerhalb des unteren Kreises dargestellt, der für die „verwirklichte Welt" steht. (Rituelle Zeichnung der Dogon, aus: Griaule und Dieterlen)

Diese mnemonische Zeichnung (links) zeigt den Pfad der Ahnen, über den Fluß und den Baum des Lebens (oben); darunter Sonne, Mond und Sterne; die vier oberen Welten; und schließlich die Erde selbst. (Zeichnung von Red Corn der Osage-Indianer)

Abstieg/Aufstieg

Jakob Böhmes Version von Luzifers
Sturz, der Erschaffung Adams und seiner
letztlichen Erlösung ist eine komplizierte
Dialektik von Aufstieg und Abstieg, die
u. a. eine Rückkehr zu vielen spekulati-
ven und mythischen, aus dem frühen
Christentum ausgemerzten und allgemein
mit der Gnosis assoziierten Elementen
darstellt. Freyers außergewöhnliche Kupferstiche bieten eine bündige visuelle
Klärung von Böhmes Theologie, die oft
verwickelt und obskur ist. (Alle Zitate aus
Laws Schlüssel zu den Bildtafeln, nicht
aus Böhmes Text)

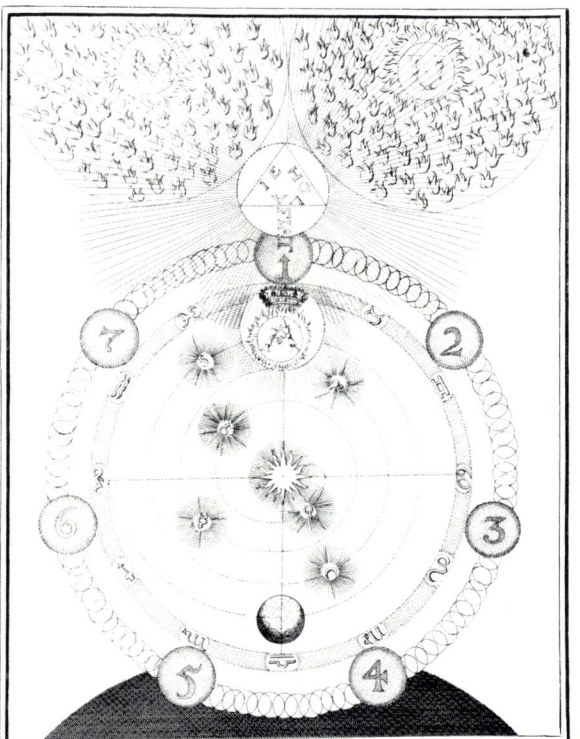

II

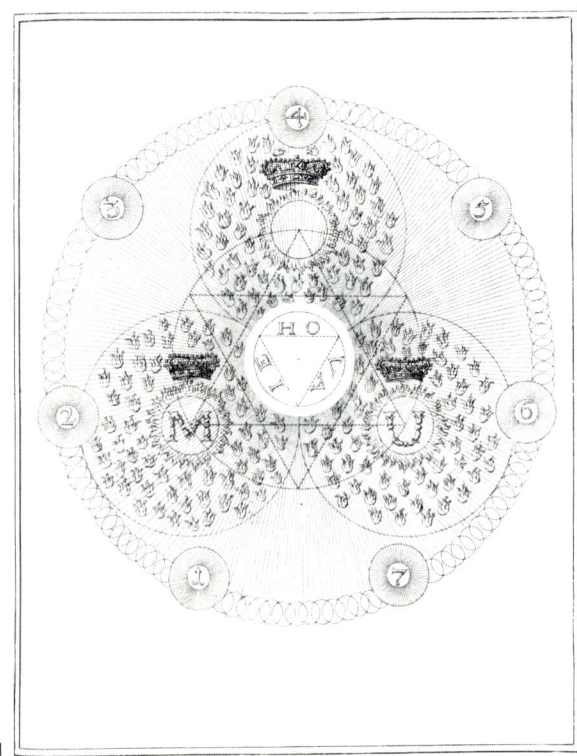

I

III

„Nun wurde diese große königliche
Wohnung, oder der göttliche Sitz der
Herrlichkeit, von GOTT dem Vater,
GOTT dem Sohn und GOTT dem heiligen Geist, sogleich mit unzähligen Be-
wohnern bevölkert, allen herrlichen
Flammen des Feuers, allen Kindern
GOTTES & allen dienenden Geistern, in
3 Hierarchien geteilt (dergestalt, daß keine Grenzen sichtbar sind, und dennoch
nicht grenzenlos), gemäß der heiligen
Zahl 3. Wir kennen jedoch nur die Namen von zweien, Michael & Uriel ..."
Die 7 Zahlen repräsentieren die 7 Eigenschaften des göttlichen Wesens.

II, *oben rechts*

Luzifer rebelliert und „stürzt durch das
Feuer in die Ewige Finsternis, wo er ein
mächtiger Fürst von Heerscharen, doch
in Wahrheit ein armer Gefangener & in-
famer Handlanger des Zornes Gottes
ist ..."

Luzifers Reich „wurde ihm entrissen und
in einen anderen, niedrigeren, zeitlichen
Zustand verwandelt ...; Adam wird erschaffen, um an seine Stelle zu treten;
... nach dem Ebenbilde Gottes, ein
Kompendium des ganzen Universums"
(dargestellt durch den Tierkreis und die
sieben Planeten).

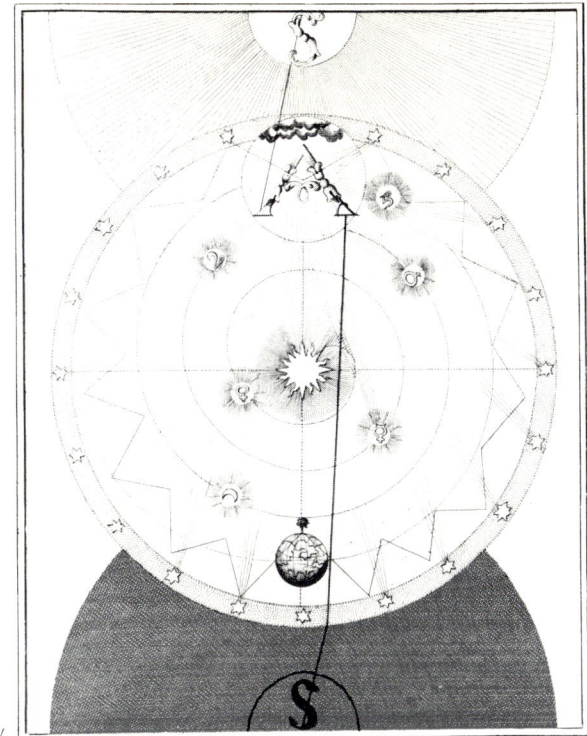

IV

Doch drei Dinge ergriffen von Adam Besitz: „Diese drei Dinge waren: 1. über ihm Sophia, seine Gefährtin genannt und die Gemahlin seiner Jugend, 2. Satan, die ungeschaffene dunkle Wurzel im anfanglosen Anfang der Ewigen Natur, und 3. der GEIST DIESER WELT. Und darin liegt der Grund der Notwendigkeit von Adams Versuchung."

Durch die Gnade Jesu Christi (Kreis unterhalb Sophias) wurde Adam erhoben, so daß er über der Erde stehen kann, auf der Basis eines feurigen Dreiecks, das seine eigene Seele ist; darüber das Dreieck des Wassers Jesu: diese, die getrennt waren, berühren sich jetzt und werden sich einst überschneiden und den Stern Davids bilden; dann wird das Werk der Neuschöpfung mit Sophia vollendet sein. (Kupferstiche aus: William Law, Hrsg., *The Works of Jacob Behmen,* 1764, Bd. II)

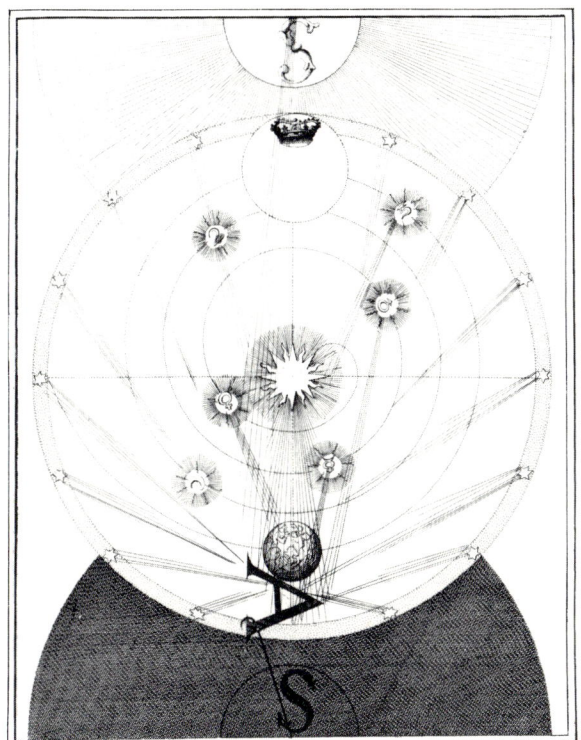

V

Adams Fall aus Glück und Herrlichkeit. Da er Sophia betrogen hat, hat sie ihn verlassen. Er wird verdunkelt und liegt unter der Erde, die er beherrschen sollte: „Alle Sterne senden ihm ihre Einflüsse zu, deren beste nur Tod und Gift für das Leben sind, für das er geschaffen wurde."

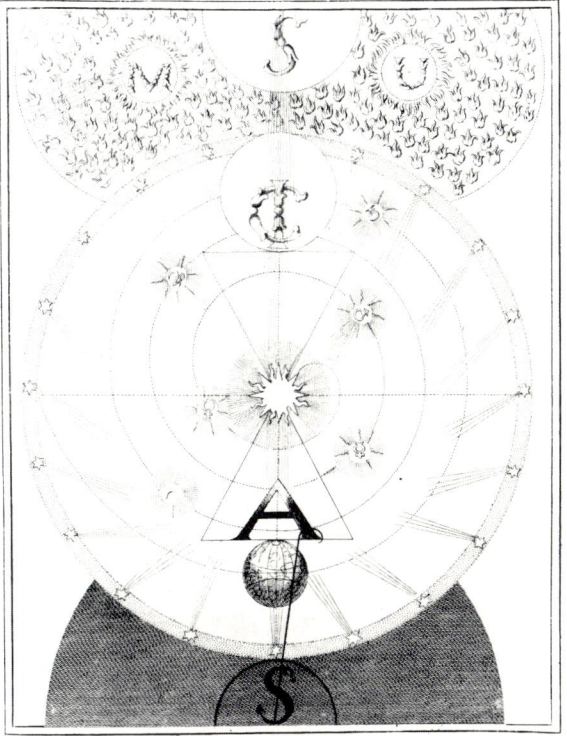

VI

Erdenleib

Die Ökologie ist ein Miteinander wissenschaftlicher Disziplinen aufgrund einer Vision, die in der Welt ein Ganzes sieht. Geht man einen Schritt weiter, gelangt man zu einer Vorstellung der Erde und ihrer Lebensformen als einem Organismus mit seiner eigenen „Seele". So wie Hände und Füße „Landkarten" des gesamten menschlichen Körpers sind, dessen Teile sie bilden, so ist der Mensch selbst ein Mikrokosmos des größeren Universums: er ist in der Welt, aber die Welt ist auch in ihm. „Die Welt ist der Makroanthropos", schrieb der romantische Dichter Novalis. „Es ist ein Weltgeist, so wie es eine Weltseele gibt. Die Seele soll Geist – der Körper Welt werden." Die Welt liegt in der Erfahrung des Menschen, durch seine Sinneswahrnehmungen, insofern als die Grenze zwischen Subjekt und Objekt, Innen und Außen, mehr auf Bequemlichkeit als auf subjektiver Wahrheit beruht. Sie liegt auch physisch im Menschen durch die Einflüsse (Nahrung, magnetisch, astral usw.), durch die er am ewigen Kreislauf der Energie teilhat. Letztlich liegt die Welt auch im Menschen durch seine Intelligenz und Vorstellungskraft, durch seine eigenen mythischen und künstlerischen Schöpfungen: „Wir haben unser Bild von der Welt, und *das* ist die Schöpfung." (Charles Olson)

Der Geist des Makrokosmos, des neuplatonischen *nous,* ist wiederum in der allumfassenden Gestalt Christi enthalten. Es schließt das Universum mit seinen konzentrischen Kreisen von der Mitte nach außen ein: die Lichtatmosphäre mit ihren Wolken; die starke, klare weiße Atmosphäre mit verschiedenen Fixsternen; die Atmosphäre des Wassers mit dem Ostwind; der reine Äther mit dem Westwind, dem Mond, Venus, Merkur und verschiedenen Fixsternen; das schwarze Feuer, mit Sonne, Nordwind, Donner, Blitz und Hagel; und das klare Feuer, mit Jupiter, Saturn und Mars, den 16 Hauptfixsternen und dem Südwind (vgl. S. 44). Die von diesen Elementen ausgehenden Linien bedeuten den Einfluß auf die mikroskopische Figur im Zentrum. (Aus der HS *Liber divinorum . . .* der Hl. Hildegard von Bingen, um 1200, Biblioteca Statale, Lucca)

Der mikroskopische Mensch (rechts) ist aus den Elementen geschaffen. Von der linken oberen Ecke gegen den Uhrzeiger: aus dem Feuer kommt das Gesicht, aus dem Wasser Geschmack; aus der Erde Gefühl, aus der Luft Gehör und Geruch. Die 7 Planeten senden ihren Einfluß durch die 7 Öffnungen des Kopfes. Die Brust ist der Luft, der Bauch dem Meer, die Füße der Erde zugeordnet. (Mikroskopischer Mensch, Miniatur aus cod. lat. 13002, deutsch, 11. Jh., Bayer. Staatsbibliothek, München)

Ein Mandala der sechs Schöpfungstage mit dem Urmenschen, dem Anthropos, in der Mitte. Der äußerste Kreis enthält die ersten vier Verse der *Genesis:* die Schöpfung des Himmels und der Erde (oberster Kreis); der Geist Gottes schwebt über den Wassern (linker Kreis); die Erschaffung des Lichts (rechter Kreis); und die Trennung von Licht und Finsternis (unterer Kreis). Der nächstinnere Kreis enthält die Kreise des zweiten (oben), dritten (links), vierten (rechts) und fünften (unten) Tages. In der Mitte der sechste Tag, an dem der archetypische Mensch geschaffen wurde. (Miniatur aus einer HS, Rußland, 18. Jh.)

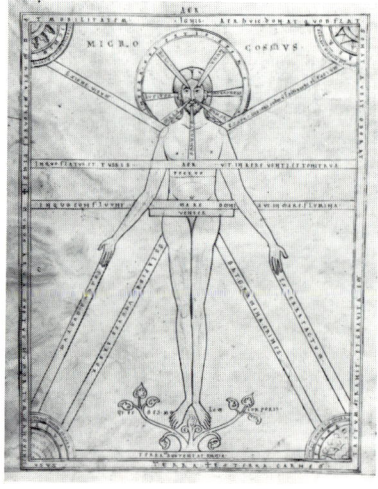

Im zweiten Schöpfungsbericht der *Genesis* ist der Garten Eden zur Hälfte erschaffen: Adam und Eva und alle anderen Geschöpfe sind zwar anwesend, jedoch in wandelloser, ewiger Form. Gott kann ihrer nicht bewußt werden (oder besser: des Teils seiner selbst, der in ihnen verkörpert ist) außer durch ihren „Ungehorsam" (der paradoxerweise mit seinem Willen und gleichzeitig gegen seinen Willen geschieht). Der „Sündenfall" bedeutet, daß das perfekte, aber selbstbezogene Paradies aufgebrochen und Adam ein sterblicher Mensch wird. Von da an ist er allen Begrenzungen seiner Natur (Tod, Sexualität, Arbeit ...) unterworfen; aber die dadurch abgesteckte Fläche ist auch die „Leinwand", auf die Gott seine Schöpfung „projiziert". (Miniatur aus der HS *Les Très Riches Heures du Duc du Berri*, Frankreich, um 1400, Musée Condé, Chantilly)

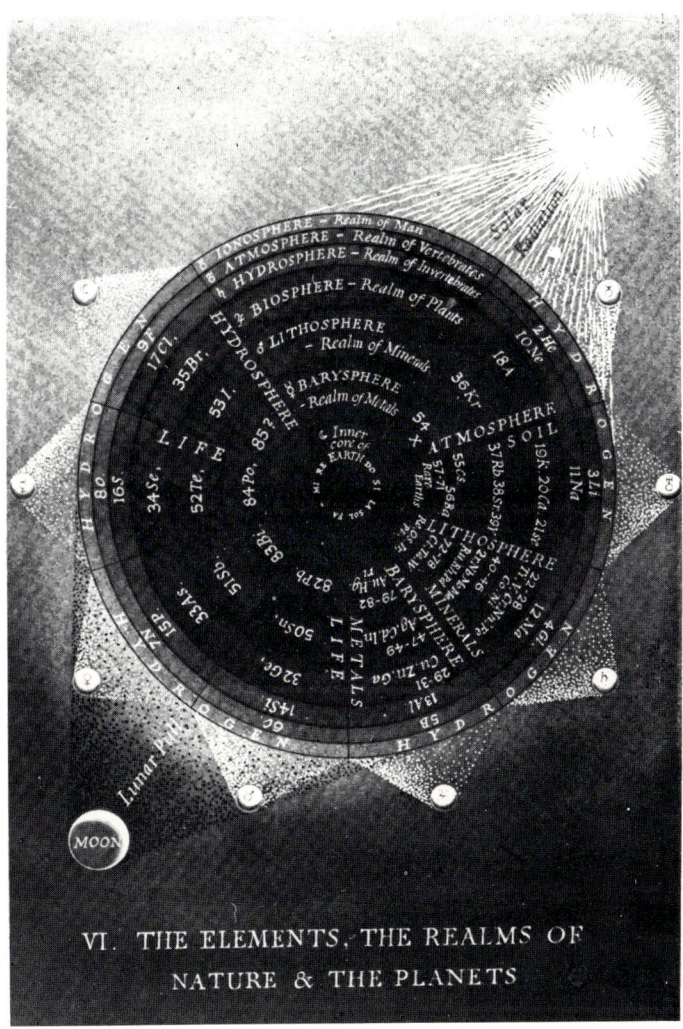

Die Elemente, abwärts angeordnet, angefangen vom leichtesten, Sauerstoff, der mit der Sonne als Quelle des Lebens assoziiert wird, bis zum schwersten, innersten, vom Leben am weitesten entfernten Element. Jede der sieben „Hüllen" der Elemente entspricht einer Funktion der Erde: Form, Bewegung, Empfindung, Blut und Atem und die beiden organischen Bereiche (der innere Kern hat keine Verbindung mit dem Leben). Die Elemente sind außerdem radial angeordnet, je nach den sie regierenden planetarischen Einflüssen. Im Uhrzeigersinn: Sonne, Neptun, Uranus, Saturn, Jupiter, Mars, Venus, Merkur und Mond. Sonne und Mond erzeugen in den Elementen eine gegensätzliche oder komplementäre Spannung: die Sonne reagiert z. B. auf die Materie in ihrem elektronischen Zustand, der Mond in ihrem flüssigen Zustand. (Diagramm von Rodney Collin, *The Theory of Celestial Influence*, London 1954)

Die Schöpfung im Werden

Modellieren, weben, schnitzen usw. sind in vielen Mythen die Vorgänge, wodurch die Schöpfung *gemacht* wird. Diese Mythen sind nicht unbedingt primitiver als jene, die sich abstrakterer Begriffe bedienen. Die Verbindung, die sie zwischen dem ursprünglichen Schöpfungsakt und den Modalitäten menschlichen Tuns herstellen, ist reziprok: das praktische Schöpfertum des Menschen ist eine Spiegelung von Gottes Erschaffung des Menschen oder der Erde (wobei man sich Gott beliebig vorstellen kann, zumindest jedoch in der Bedeutung des unvorstellbaren Ganzen, von dem der Mensch ein Teil ist), doch auch die Umkehrung ist richtig. Jedes Menschenwesen konstituiert die Welt durch sein Tun; sie ist voll von Zeichen seines Wirkens: und der höchste Index dieser Markierungen, die äußerste Kunst des Menschen, ist die Sprache. In vielen Kulturen (doch nicht in unserer eigenen) ist die fundamentale Identität zwischen Reden und Tun evident. Ogotemmeli, der Alte der Dogon, erzählte Griaule von der vielseitigen Bedeutung des Webens: „Das Wort ist der Klang des Rahmens und des Weberschiffs. Der Name des Rahmens bedeutet ‚Knarren des Wortes‘ . . . Die Worte der sieben Ahnen füllen die Lücken und bilden den achten. Das Wort ist Wasser und folgt der Zickzacklinie des Schußgarns."

Die visuelle Darstellung des Schöpfungsaktes oder einer Szene daraus ist daher selten eine rein anthropomorphe Analogie, sondern die symbolische Signatur eines Textes, der den Standort des Menschen in der Welt bestimmt. Je nachdem, ob er Leser oder Urheber der Schrift ist, hat der Mensch Anteil am Schöpfungsvorgang.

Linke Seite:

In der Fassung von Memphis der ägyptischen Kosmogonie soll Ptah den Menschen aus Lehm geformt haben, wie der Töpfer seine Waren macht. Deshalb galt er als Erfinder und Urheber aller Künste. (Ptah gestaltet das Weltenei, E. A. Budge, *Studies in Egyptian Mythology,* London 1904, Bd. I)

Für die Dogon ist das Getreide *Digitaria (po)* das Symbol des Anfangs aller Dinge: „Als Amma das Weltenei brach und hervorkam, erhob sich ein Wirbelsturm. Das *po* ist das kleinste geschaffene Ding, unsichtbar, in der Mitte; der Wind ist Amma selbst. Zuerst schuf Amma *po.*" Amma wird in menschlicher Gestalt gezeigt, weil seine Hände dem *po* Zeichen aufdrückten. Die Spirale von Punkten darunter (entsprechend den Spiralen auf S. 77) hat als Mittelpunkt einen Penis und Hoden, weil die Sexualität wesentlich ist für die Weitergabe des Lebens: die Spirale ist der Samen, und die beiden Striche auf dem letzten Punkt deuten auf das künftige Sprießen des Getreides. (Dogon-Zeichnung von Amma, aus: Griaule und Dieterlen)

Nach Hesiods *Theogonie* wurden die ersten wirklichen Menschen von Prometheus nach dem Ebenbild von Göttern geschaffen. Dann mußte er Feuer für sie stehlen, weil sein Bruder Epimetheus alle Überlebenskünste an die Tiere verteilt hatte. (Prometheus bildet den Menschen, graeco-romanische Gemme, 3.–2. Jh. v. Chr., Britisches Museum, London)

Im zweiten Schöpfungsbericht der *Genesis* wird Adam aus einem „Erdenkloß" geformt: hier spricht, im Gegensatz zur ersten *Genesis*-Fassung, der Urtext von einem Gestaltungsprozeß statt einer sofortigen Verwirklichung. (Detail eines Schnitzwerks vom Nordportal der Kathedrale von Chartres, Frankreich, 13. Jh.)

Diese Seite:

Nach der Überlieferung des jüdischen *Midrasch* war Adam, als Gott den Menschen erschuf und ihm noch keine Seele verliehen hatte, ein *Golem:* ein roher, unfertiger Riese. Der Schöpfungsbericht im *Sepher Jezirah* (Buch der Formung), in dem alle Dinge durch die göttliche Verwandlung des Alphabets entstehen, führte zu einer mystisch-magischen Tradition, die glaubte, da der Mensch im Ebenbild Gottes geschaffen war, hätten fortgeschrittene Adepten die Macht, in Nachahmung des göttlichen Schöpferwortes einen Golem oder künstlichen Menschen herzustellen. Seine Stirn sollte ein Siegel tragen mit dem Wort *emeth* (Wahrheit). Durch Auslöschen des Anfangsbuchstaben Aleph wurde das Wort in *'meth* (Tod) verwandelt, und der Golem kehrte zu seinem Element Erde zurück. Vermutlich war die Sage vom Golem ursprünglich eine übertriebene Version des mystischen Nachvollzugs der Schöpfung. Sicher ist die Vorstellung, der Golem könne durch einen Fehler des Adepten außer Kontrolle geraten, eine späte Entwicklung. Sie scheint jedoch dem ungewissen Verhältnis des Menschen des 20. Jahrhunderts zu seinen Schöpfungen zu entsprechen. (Standfoto aus dem deutschen Film *Der Golem,* 1920)

Das Dunkel hat die Farbe keiner Farbe. Es hat keinen Rand: was hereinkommt, kommt überall zugleich. Ohne Anfang oder Ende. Es ist die Stimme des Schweigens, die den Bauch der Welt füllt.

Dies ist der Schatten des Unsichtbaren. Du mußt hineinsinken; es ist in dir.

Dies ist die erste Lösung der Sache; das heimliche Sichregen.

Wässernde Erde.

Die Farbe der Dämmerung bringt die erste Linie: ihr Rand trifft. Zwei Bewegungen, eine das Echo der anderen; ihre Spiegelung ist horizontal. Ihre Melodie ist Gleichheit und Verschiedenheit: Formen tauschend.

Von unten nach oben, von oben nach unten wird es weitergetragen; es läßt sich nicht festlegen. Du mußt dich ihm öffnen und es in dich hineinströmen lassen.

Dies ist der Atem, das Ein und Aus; es bewegt das eine in zwei, die zwei in eines.

Lüftendes Wasser.

Die Schläge sind überall und plötzlich nirgends. Dies ist die Farbe des Mittags. Du kannst die sich wandelnde Form seines Herzschlags nicht fassen. Es schlägt, immer wieder.

Dies ist der Schock dessen, was du immer gewußt hast: das gefährliche Jetzt. Berühre es nicht, laß es dich berühren.

Dies ist der Brennpunkt von außen hinein, das Zeichen des Opfers.

Feuernde Luft.

Es ist versiegelt, es ist unter der Farbe der Abenddämmerung begraben. Hinunter, hinunter, hinunter. Doch hüte dich, es ist nicht wirklich erledigt. Es ist untergegangen, zum Mittelpunkt, es ist durchgebrochen ins Land der Toten.

Dies ist das schwarze Zeichen des Unwiederbringlichen. Es gehört dir nicht, aber du bewahrst es auf.

Dies ist die Erinnerungsnarbe, die Klammer um eine unsichtbare Tatsache, die darauf wartet, wieder zu erstehen.

Erdendes Feuer.

Die vier Texte werden von einem Sprecher kontinuierlich rezitiert, während eine Reihe von „Figuren" vorgeführt wird, die jeweils dem Text entsprechen, wie hier gezeigt.

Aus technischen Gründen können nur sechzehn der insgesamt zwanzig Figuren wiedergegeben werden. (Ausführung von David Maclagan, England, 1975)

94

im anfang war das wort

him hanfang war das wort hund das wort war bei
gott hund gott war das wort hund das wort hist fleisch
geworden hund hat hunter huns gewohnt

him hanflang war das wort hund das wort war blei
flott hund flott war das wort hund das wort hist fleisch
gewlorden hund hat hunter huns gewlohnt

schim schanfang war das wort schund das wort war blei
flott schund flott war das wort schund das wort schist
fleisch gewlorden schund schat schunter schuns gewlohnt

schim schanschlang schar das wort schlund schasch wort
schar schlei schlott schund flott war das wort schund
schasch fort schist schleisch schleschlorden schund
schat schlunter schluns scheschlohnt

s----------------c--------------h
s----------------c--------------h
schllls-------------c-----------h
flottsch

Ernst Jandls Lautgedicht beruht auf dem
ersten Kapitel des Johannesevangeliums,
mit den Worten: „Im Anfang war das
Wort, und das Wort war bei Gott, und
Gott war das Wort... Und das Wort ist
Fleisch geworden und hat unter uns gewohnt."

Literatur

Autoren

Anaximander, in: *Die Vorsokratiker,* Stuttgart 1968.

Bachelard, Gaston, *La Psychanalyse du feu,* Paris 1949.

Blake William, *Complete Writings,* London-New York 1966.

Blake William, *Gedichte,* Heidelberg 1958.

Breton, André, Manifestes du Surréalisme, Paris 1962.

Böhme, Jakob, *Aurora oder Morgenröte im Aufgang,* Freiburg 1977.

Buber, Martin, *Ich und Du,* Heidelberg [10]1979.

Chou Tun-I (und Ch'ien), in Hellmut Wilhelm, *Die Wandlung.* 8 Essays zum I-Ging, Zürich 1958.

Chuang-Tzu (Dschuang Dsi), *Das wahre Buch vom südlichen Blütenland,* Düsseldorf-Köln 1974.

Corso, Gregory, *Long Live Man,* New York 1962.

Heraklit, in: *Die Vorsokratiker,* Stuttgart 1968.

Hildegard von Bingen, *Scivias. Wisse die Wege.* Salzburg 1963.

Lichtenberg, Georg Christoph, *Aphorismen. Briefe. Satiren.* Düsseldorf-Köln 1962.

Radin, Paul, *Der göttliche Schelm.* Ein indianischer Mythen-Zyklus. Hildesheim 1980.

Roheim, Geza, *Magic and Schizophrenia,* Bloomington, Ind., 1962.

Schaya, Leo, *Ursprung und Ziel des Menschen im Lichte der Kabbala,* Weilheim 1972.

Scotus, Michael, in *Io,* Nr. 8, Alchemy Issue 1973.

Scholem, Gershom, *Zur Kabbala und ihrer Symbolik,* Frankfurt 1973.

Sewell, Elizabeth, *The Orphic Voice,* London 1959.

Snyder, Gary, *Manzanita,* Bolinas 1972.

Yates, Frances, *Giordano Bruno and the Hermetic Tradition,* London-Chicago 1964.

Mythen

Babylonisch: *Poems to Heaven and Hell from Ancient Mesopotamia,* übers. N. K. Sandars, London 1974.

Dogon: Marcel Griaule, *Conversations with Ogotemmeli,* London 1965. Marcel Griaule und Marcelle Dieterlin, *Le Renard pâle,* Paris 1965.

Gnostisch: Hans Jonas, *Gnosis und spätantiker Geist,* Göttingen [3]1964.

Griechisch: Karl Kerényi, *Die Mythologie der Griechen,* dtv, 2 Bde., München.

Hindu: *Gedichte aus dem Rig-Veda,* Stuttgart 1964.

Hopi: Frank Waters, *Das Buch der Hopi,* Düsseldorf-Köln 1982.

Iranisch: s. Brandon, unten.

Japanisch: *Kojiki,* übers. D. L. Philippi, Tokio-London-Princeton 1968. *Nihongi,* übers. W. G. Ashton, London 1956. Shime, Günter Nitschke, in *Architectural Design* (London), Dezember 1975.

Jüdisch: *Sepher Jetsirah,* übers. Isidor Kalisch, New York 1877. *Zohar, the Book of Splendour,* hrsg. Gershom Scholem, New York 1963.

Manichäisch: s. *La Naissance du Monde,* unten.

Maori und polynesisch: Sir George Gray, *Polynesian Mythology,* London 1929.

Maya: *Popol Vuh. Das Buch des Rates,* übers. und hrsg. von Wolfgang Cordan, Düsseldorf-Köln [3]1982.

Nahua: Irene Nicholson, *Firefly in the Night,* London 1953.

Navajo: Sheila Moon, *A Magic Dwells,* Middletown, Conn., 1970, London 1972.

Zuñi: s. Tyler, unten. F. H. Cushing, *Outlines of Zuñí Creation* Myths, Washington, D. C., 1896.

Anthologien

Brandon, S. G. F., *Creation Legends of the Ancient Near East,* London 1963.

Doria, Charles, und Harris Lenowitz, *Origins,* New York 1975.

Eliade, Mircea, *From Primitives to Zen,* London-New York 1967.

La Naissance du monde: sources orientales, Paris 1959.

Long, C. H., *Alpha,* New York 1963.

Kommentare

Ehrhardt, A., *The Beginning,* Manchester-New York 1968.

Forrester-Brown, J. S., *The Two Creation Stories in Genesis,* London 1974.

Franz, Marie-Louise von, *Creation Myths,* London-New York 1972.

Tyler, H. A., *Pueblo Gods and Myths,* Norman, Okla., 1974.

Zimmer, Heinrich, *Indische Mythen und Symbole,* Düsseldorf-Köln 1972.

Bildnachweis

Für *einzelne Abbildungen* habe ich zu danken: Cottie Burland, David Coxhead, Nick Duffell, Stephan Feuchtwang, Susan Hiller, John McCollum, Günter Nitschke.

Die in den *Bildtafeln* auf S. 33–64 abgebildeten Gegenstände befinden sich in folgenden Sammlungen: Dublin, The Board of Trinity College 64; Gerona, Museum der Kathedrale 51; London, British Library 48, 49, British Museum 46, 59, Sven Gahlin 54, Tate Gallery 40; Madrid, Prado 34; Manchester, Whitworth Art Gallery, University of Manchester 39; New York, Peter T. Furst 37, Metropolitan Museum of Art, Gift of Joseph V. McMullan, 1958 33; Paris, Sammlung Marcel Bulois 41; Rom, Vatikanische Bibliothek 42, 55, 58, 60, 61, 62; Santa Fe, Neu-Mexiko, Museum of Navajo Ceremonial Art 43, 56, 57; Sydney, Art Gallery of New South Wales 50; Toronto, Royal Ontario Museum 45; Wien, Österreichische Nationalbibliothek 38. *Photos* stellten zur Verfügung: James Austin 92 unten; Maurice Babey 68 unten; Werner Forman 92 r. oben; Girau- don 91 oben; Jacqueline Hyde 68; International African Institute 12; London, Robinson & Watkins Books 91 unten; London, Routledge & Kegan Paul, New York, Harcourt Brace, Jovanovich, 74 r. oben; New York, Marvel Comics Group 93 unten; Paris, Institut d'Ethnologie 76, 77, 87 oben, 92 Mitte; Salzburg, Otto Müller Verlag 24, 36, 44; Santa Fe, N. Mex., Museum of Navajo Ceremonial Art, mit freundlicher Genehmigung von Leland C. Wyman, *Blessingway,* Tucson, University of Arizona Press, Copyright 1970 72, 73, 74; Edwin Smith 67 oben.